# 命運治療師

命のカウンセリング

長谷川泰三——著
陳秉軒——譯

COSMAX
PUBLISHING Co.
Since 1981

文經社
Taiwan

我想告訴所有感到痛苦的人四個字

——**活著真好！**

四歲的時候，一家離散了
還是孩子的我，沒辦法馬上理解這個事實
只明白一件事

今後我必須靠自己一個人活下去
不依靠任何人、也不麻煩任何人

抱著這個想法一路走過來

我加入暴走族，和有相同境遇的人成為夥伴

這些夥伴當中好幾個人先後死去

原本以為自己也會步上他們的後塵

就在這個時候，遭遇了一場導致脊椎斷裂的車禍

清醒時，我已躺在病床上

醫生宣告：

「你這輩子再也無法用自己的腳走路了。」

絕望中我心想：

「再也沒有活下去的意義了！」

從必須依靠輪椅生活起，我開始出入殘障者病房
那裡有許多傷殘得更嚴重的人
他們非常溫柔，不斷對我說：
**「至少你的手還能動，什麼都辦得到。**
**工作也好、戀愛也好甚至結婚，什麼都辦得到啊！」**

# 我像是他們的希望之星

他們的期待讓我開始懷抱成為設計師的夢想

只不過，車禍的後遺症讓我每每為劇烈的神經痛所苦
嚴重的時候甚至一整天都在激烈疼痛中度過
好幾次都想尋死以求解脫

對一切感到厭煩下，我為了自殺踏上前往東尋坊的旅程

旅途中有幸和各式各樣的人相遇
他們的溫暖與善意，改變了想尋死的決心
透過這趟旅程我學到了一些東西
**也就是「活著」這件事本身有多重要**

我決心要運用自己所經歷的磨難、艱困、悲傷
來激勵所有相似經驗的人，協助他們抓住生命的希望

而我現在在做的

就是以諮商心理師的身分，幫助那些同樣遭遇的人們

透過在全國各地的演講

有些話想傳達給對人生感到絕望或是想自殺的人

別放棄！
你是有未來的唷！
絕對沒問題的！

推薦序

# 讓本書療癒你生命中最脆弱的地方

康社力協輔工作室・諮商心理師 **李克翰**

「天哪！我們竟然如此類似」是我聽完編輯簡述本書作者——長谷川泰三——半生自傳後的想法。

一樣是終身癱瘓的脊髓損傷者、車禍倖存者、亞洲男性，甚至連職業都相同：我們都是一個提供支持與陪伴的諮商心理師。

一回到家，我馬上讓自己處在一個舒服的閱讀環境，期望盡快寫出一篇最適合《命運治療師》的序文。翻開書稿的第一頁，原以為一個晚上就能看完的書，但當我看到最後一個字時，已經整整過了一個禮拜。我沒料到在閱讀過程中，會有如此多的感受和情緒衝擊湧出，讓我不得不再三地暫停下來。

書中的文字並不艱深。作者用最簡單直接，沒有任何花俏手法或訴諸悲情的方式，來敘述他的故事。而太過相似的經歷以及純粹的文字，讓我多次無法自制地掉下眼淚哭出聲，放下書本闔上眼，等待激動的情緒與浮現的回憶慢慢退去。（而我的哭聲也多次引起我的協助者／外勞出於好奇或擔心，透過門縫偷偷窺視我在發什麼瘋……）

受傷後我看過許多身心障礙者出版的自傳，不可否認有些自傳在讀完之後，總有些遙不可及的感覺，覺得書裡面的人好偉大、好厲害、好正向，同時還飄浮著一種不真實感。

不過長谷川先生的故事卻讓我有完全不同的感受。他毫不隱藏地將一個人遭遇生命中重大創傷之後，所面對的絕望、放棄、逃避等狀態赤裸裸地呈現出來，讓我在貼近作者感受的同時，投射出自己過去的模樣。

有一段描述作者被醫生宣判終身癱瘓後，整天躺在床上盯著天花板，數著上面成千上萬的小洞消磨時間，只為了轉移不知道如何活下去的絕望感，以及想用健康的身體去做許多事情揮之不去的念頭。這畫面真是再熟悉不過了，因為我也做過一模一樣的事情。

這些引發我種種熟悉回憶和感同身受的內容，想必是因為長谷川先生，毫不保留地透過文字，表達最真實的自己所產生的奇妙魅力吧！

雖說長谷川先生與我有相似的歷程，同樣一度深陷痛苦與無助，同樣在掙扎出困境後感受到新生的滿足與成就感，但我和作者唯一不同的地方，在於受傷前的生活，這也是他一路走來更為艱難的部分。

由於作者成長過程中極度缺乏親情關愛，必須讓自己更為獨立，在惡劣的環境中找到生活的方向。因此，成為諮商心理師之後才能夠更加設身處地，將這個職業最需要的同理心發揮到極致。

我成為諮商心理師之後，面對了許多當事人，雖然他們有一半以上不是身心障礙者，但我發現每位當事人背後都有些相似的生命議題，而這些在長谷川先生諮商的案例中也不斷被提到，甚至透過他自身的生命經驗連結個案故事被述說出來。

書中作者強調每個人都必須學會說出「請幫助我」、「謝謝」，以及如何「接納」這三件事。

在華人文化的社會束縛之下，這三件事無論對身心障礙者或非身心障礙者來說，都非常地不熟悉，導致很多人在心理、情緒、人際關係中出現許多問題，就連我自己也不例外。

當初因為無法接納自己成為一個全身癱瘓的身心障礙者，因此想方設法成為一個障礙超人，不需要透過他人協助去完成許多事情。但這種逞強讓我無法坦誠地對他人的協助由衷道謝，導致許多困難發生。所以對我而言「請幫助我」、「謝謝」、「接納」這三件事情，不但是貫穿全書的精華所在，也是我本身及心理工作上的重要生命觀、哲學觀。

我真的很感謝這一次有機會接觸到長谷川先生的生命故事，讓我在閱讀的同時，重新整理了自己一路下來的心路歷程。

雖然閱讀這本書的你可能不是一位身心障礙者，但是我相信一個人所面對的困境背後，都有一些相同的困難點，而這些困難點也都在長谷川先生的故事中，用一種不同的角度重新詮釋並述說出來。我衷心希望這本書的出現，除了能夠改變所有人對身心障礙者的觀感之外，更期望透過他的故事，能夠療癒到所有閱讀者生命中最脆弱的某個部分。

**李克翰簡歷**　大二那年因為一場傷及脊椎的車禍，導致下半身癱瘓無法行走。走出生命的谷底後，不想讓其他身障者面對同樣的無助，花費五年時間參加考試，成為諮商心理師。並於二〇一二年和身障與非障礙者共組「康社力協輔工作室」投入諮商服務。

## 前言

我，長谷川泰三，是一位諮商心理師。

諮商心理師是專門傾聽人們煩惱的工作。

而我專門諮商的對象，是對人生感到絕望的人。

我依靠輪椅生活。十五歲時因為一場車禍，被醫生宣佈「一生再也不能用自己的腳走路」。

此外，我曾因為生活極度貧困、父母親離婚，以及車禍後併發症的神經痛等原因，感到痛苦絕望，幾度尋短卻自殺未遂的經驗。

但我總算從游移迷網的黑暗中走出來。

現在我深深覺得活著是一件非常幸福的事。

我的諮商事務所名為「V-Return綜合心理研究所」。我的主張是：

「人就算跌落多黑暗的谷底，仍有機會V型反轉重回光明的世界」

沒錯，V-Return包含的正是從「死亡深淵」脫身而出的含意。

我諮商的對象包含破產、被裁員、家族中有人自殺，以及被宣佈剩下有限生命……等等各式各樣悲慘遭遇的人。

這些人中，泰半抱著「我不行了，沒有活下去的意義了」的念頭，被自殺的衝動牽著走。

但請停下來聽我說：

「美好的未來在等著，不要放棄！」

「絕對沒問題！人生終究會順利的。」

為什麼我會這麼說呢？看看我，那樣多次想尋短自殺，陷於極度低潮的我，仍舊爬起來了，現在打從心底覺得自己很幸福呢！

# 目次

## 第二章 自殺未遂與東山再起——69

第三章

## 直到我成為治療師為止——89

Part 2 命運治療師

## 第四章 面對內心的無感——117

第七章

## 給活在痛苦中的人——213

Part 1

# 我的前半生

# 第一章 我的頭號難題

## 四歲，與「死亡」初見面

我想來談談促使我成為諮商師，開始協助喪失生存意願，以及失去親人的人的契機。

一九六六年一月七日，我出生於大阪。爸爸是鹿兒島出身的卡車司機，媽媽是大阪人，我是家中的長男。家裡相當貧窮，住家是用撿來的木板圍成牆壁、電線桿充作柱子搭建而成的簡陋小屋。

父母雙雙沈溺於賭博，爸爸陷在賭賽船和自行車競賽中，媽媽則是將錢花在打小鋼珠上。因此家計一直都很困苦，也沒有健保，有一次我因為肺炎住院時，還是借鄰居孩子的健保卡，才得以進行治療。

爸爸平常是個很好的人，工作也算得上得心應手。但他卻染上酒精上癮症，而且只要一酒醉就會開始打人，每天喝完酒後都會跟母親大吵，也常毆打媽媽。每當他們吵架，我都想做些什麼，卻因為太過恐懼，什麼都做不了，只能蜷縮在房間的角落。這一切對我來說就像家常便飯。

接著發生了一件影響我人生的決定性事件。那是我四歲時一個寒冷的冬日，喝得醉醺醺的爸爸又開始動粗了。

碰！砰、砰、砰、砰！

「你又要打我了嗎？！」

「吵死了！妳給我閉嘴！」

砰、砰！

「不要再打我了！這種家我待不下去了！」

媽媽嘶吼的臉上佈滿瘀青，割破的傷口血流不斷，雙眼盡是淚水。

空氣中瀰漫著不同以往的凝重氣氛。

媽媽什麼都沒帶就轉身跑出家門，跨上腳踏車。

「等一下！媽，不要丟下我！」

我衝上前緊緊抓住媽媽，她把我抱上腳踏車後座，拚命地踩著踏板向前進，最後騎到車站的腳踏車寄放處。

媽媽跟寄車處的歐吉桑說：

「我把腳踏車留在這裡，請借我錢。」

寄車處的歐吉桑大吃一驚。

「發生什麼事了嗎？」

「老公揍我，我想逃回娘家，所以拜託，借我錢。」

可能懾於媽媽鬼氣逼人的氣勢，歐吉桑掏出一千日圓給我們。

「去阿公家的話，爸爸就打不到我們，以後可以安心生活了！」這麼一想，我鬆了一口氣。

可是身旁的媽媽卻以空洞的眼神望向遠方。

「泰三，我們去吃炒麵吧！你最喜歡了對不對？」

「嗯，我最喜歡炒麵了！」

兩人走進了炒麵店，點了一盤炒麵。熱騰騰飄著香味的炒麵擺在眼前，經常餓肚子的我不由得吞了好幾口口水。

「泰三，吃啊，吃啊！」

我不懂為什麼媽媽光催促我一個人吃。

「媽，我不要一個人吃啦。」

「吃吧，你吃就好。」

「……媽，一人一半，一起吃吧！」

媽媽終於明白如果不一起吃的話，我就不會吃，於是把炒麵分一半，兩個人一塊吃了。

「泰三，吃完後，我帶你去紀之川[1]。」

「為什麼？」

「別問了，走，去紀之川吧！」

前往紀之川要轉好幾趟電車，這段時間媽媽一直沈默無言。到達紀之川的河岸邊後，媽媽拉著我的手，穿越草地不斷向河川前進。

對岸看起來距離很遠，搖曳岸邊的粼粼波光靜謐平和，但吹過水面的風，卻讓我快凍僵了。

媽媽抓住我的手，走入河裡。我嚇壞了，卻無從抗拒，水淹到脖子時，我忍不住掉眼淚。

1 紀之川（Kinokawa）：位於關西地區，是流經奈良縣與和歌山縣的河流。在奈良縣內被叫做吉野川，在和歌山縣内被叫做紀之川。

「媽媽，我好冷，我們去阿公家吧！」
「我們不去阿公家了。」
「為什麼？為什麼？我們去阿公家吧！」

我開始放聲大哭，河水的寒氣滲入骨頭，身體冷到直發抖。看著不停哭泣的我，媽媽無可奈何的走回岸邊，放棄投河自盡。

這是我人生第一次接觸死亡的經驗。從此之後，我身邊跟死亡有關的事件接連不斷地發生。

## 一家離散與獨自謀生

自殺未遂後，媽媽接受了酒醒後的爸爸的道歉，我們又回到家裡。但父親酗酒的惡習依舊沒有任何改變，喝醉了就彷彿惡鬼上身般，每日施暴不斷。兩個月後，有天早上桌上放著一封信，媽媽卻不見蹤影。爸爸立刻打開信封，邊看著淚珠滾滾而下。我以為信上寫的是「我先走一步了」。

其實，媽媽沒有死，只是從此再也沒有回過這個家。

而後父母離婚了，但是爸爸並沒有養育我的意思，我只好去投靠外公，一家從此各分西東。

當時的我是怎麼看待這件事呢？由於年紀太小，實在記不太清楚。大概也只能眼睜睜地看著產生巨變的環境，當作事實接受罷了。

外公肯收留我是件好事，但那是個高達十人的大家庭，每個人只擁有不到一個榻榻米大的空間，過著超貧困的生活。由於太過擁擠，一兩個月後，外公就在離家幾步遠的地方，租了一間三個榻榻米[2]的小屋給我住。於是年僅四歲的我，就開始了一個人的生活。

這個小屋其實只用來睡覺，吃飯和洗澡都還是在外公家解決。我猜想房租大概是由再婚搬到九州延岡的媽媽所提供的吧。

身邊無父無母，加上小小年紀一個人獨居，精神狀況變得很不安定。平日常處於嚴重的妄想中，只顧著跟飼養的鸚鵡講話，是個讓周遭大人很擔心的孩子。

小學二年級時，我經歷了一次自殺未遂。有天我騎著腳踏車，模仿電視裡的假面超人，從防波堤跳進海裡，目睹我投海的玩伴，趕去通報我外婆。

我沒有當時的記憶，但好像很拚命地游回岸邊才撿回一命。這種無緣無故衝動跳下海的行為，之後還陸續發生了好幾次。

現在回想起來，這些行為或許隱含著「自我毀滅」、「想死」的潛意識吧！

媽媽得知我的異常行為後，把我接到了延岡的家。展開媽媽、繼父和我三個人的生活。一開始繼父很疼愛我，但弟弟出生後，就被疏遠了。某次甚至因細故，被繼父打到鼻血流不止，讓我忍不住覺得「再不跑會被殺死……」，拚命逃到隔壁的鄰居家求救。

雖然繼父一臉和藹地要來把我接回去，不過鄰居非常瞭解狀況，告訴繼父：「今天讓他住我們家，如果再有什麼事，我就去報警！」結果，我因此回到大阪三個榻榻米的住處。

2 三個榻榻米：兩個榻榻米是一坪，三個榻榻米是一坪半。

小學三年級時，媽媽不再寄錢來了。

陷入經濟困難的我，必須獨力謀生。一開始先做送報的工作，凌晨三點到派報所，幫忙摺疊夾報廣告，順便換得早餐吃。三百份報紙送完後，再到車站前叫賣零售，賺點零用錢來買午餐的麵包。

周圍的人看我只是小學生，卻如此努力工作，紛紛設法伸出援手。送牛奶的歐吉桑，用咖啡牛奶跟我換兩份報紙；打雜的歐巴桑，讓我在小學裡幫忙倒茶工作，還請我吃拉麵；附近的鄰居則會拿點心給我吃。這段時期我受到很多人的幫助。

我住的公寓附近，有一間以讓人罹患肺癌而惡名昭彰的石綿工廠，工作環境非常苛酷，空氣中粉塵飛揚。我一放學就去那工作，收工後不只可以在那洗澡，也有晚餐可吃。

就這樣，我靠送報和石綿廠的薪水支付房租和生活費。差不多這時開始，我不再去外公家了。

小學五年級的暑假，我去製造毛巾的紡織工廠工作，寒假則去蛋糕店跟年糕店工作，這些掙來的工錢，居然可以讓我用分期付款的方式買台中古電視機。

電視是向送報時對我很好的電器行歐吉桑購買的。記得當時因為能看到『宇宙戰艦大和號』、『八點囉，大家集合！』等節目，感到很開心。

學校給監護人簽名的聯絡簿，我就假裝自己是父母簽下去了。現在想想，當時我還真是相當獨立的小學生呢！

另外，小學生活最讓我哭笑不得的是，畢業紀念冊每個畢業生都要寫下「你的夢想是什麼？」這個問題。我寫的是我想當一個「遇到任何問題都能堅定不移的人」，實在難以想像這是小學生所寫的文章。可我就是被環境操弄到這種地步吧！

這段期間，我開始學少林拳法，也在拳法老師家洗澡和接受晚餐的照料。之後愈練越上手，不只學拳也開始協助教拳。我終於能辭去石綿工廠嚴苛的工作了。

## 加入暴走族和遭遇好友死去

中學一年級時，二度離婚的媽媽回到大阪，開始和我、同母異父的弟弟，三個人住在一起。

一年後，媽媽跟一個二十二歲的水泥工再婚，接著要求我輟學，去幫忙繼父做水泥工的工作。我當時很喜歡讀書，夢想有一天成為律師。對於被要求放棄學業，不得不去做工這件事完全無法接受。

加入暴走族那陣子的樣貌。在秋季抬神轎的聞名區、大阪暴走族的集中地活動。當時日夜沉浸在飆車與小鋼珠之中。

當我和媽媽說想去念高中時，她卻回說：「不行，你去幫忙做工，和爸爸一起！」輕易地敲碎了我的夢想。

就這樣，我開始自暴自棄，加入了暴走族並開始吸膠。

有一次吸膠後回到家，繼父說：「你這樣做根本是妨礙工作！」打得我遍體鱗傷，甚至拿瓦斯桶用力捶打，造成我頭部裂成重傷縫了十二針。此後，我便離家出走再也不想回去了。

這時同為暴走族夥伴的Hiroyuki，讓我住進他家。這裡的生活簡直如同真正的家庭般，可以感受到人與人之間緊緊連繫在一起的溫暖，芝麻蒜皮的小事也能笑得很開心，我打從心底感到快樂。短暫而幸福的時光裡，壓根沒料到接下來會發生那樣衝擊的事件。

有一天，Hiroyuki借了一輛很大台的機車回來。可能是看我一臉落寞，打算帶我出去兜風安慰安慰我吧。真是個貼心的朋友。

但我仔細查看車況後，發覺機車龍頭鬆鬆的，不祥的預感浮上心頭。

「不好意思，我不想去，抱歉喔！」

Hiroyuki笑著回說：「沒關係！」跨上車打算騎去歸還。前後不過一分鐘，他衝撞上電線桿，頸椎斷裂當場死亡。我不願意相信前一刻還一起有說有笑的Hiroyuki，一瞬間成了再也回不來的人。

「……都是我的錯。」

「我明明就注意到龍頭不太對勁，如果有好好提醒他的話，就不會發生這種事了。為什麼我沒有說出來呢？為什麼只有我還活著？明明只要說一句『危險喔，別騎了』就可以避免的意外，為什麼就是沒說出口？我怎麼那麼糟糕呢？」一次又一次地自責。

而後，Hiroyuki的媽媽提出要領養我，她的心意讓我很高興，就決定一起住了。但住得越久，就越覺得痛苦。他媽媽天天都在哭，每次聽到她的哭聲和回憶Hiroyuki的種種時，我就覺得她好像在譴責我：

攝於中學畢業式。爸媽都沒有出席，只有我一個人的畢業典禮。那時我心想著：在這世上，我不相信任何人、也不依靠任何人，一個人活下去吧！

「都是你的錯」、「如果你當時有阻止他的話」……。住不到一個月，我終於受不了，離開了那個家。

或許我以為離開就能逃離「死亡」和「罪惡感」吧。但這只不過是一連串惡夢的序曲而已，此後我遭遇更多令人厭惡的事。

無依無靠的我在大阪MiNaMi[3]一帶鬧區晃蕩時，被一個在夜店工作二十多歲的姐姐叫住，她問說「沒有地方住的話，要不要來我家？」之後開始接受她的照顧。當時才中學三年級的我謊稱自己已滿十八歲。

我再度加入暴走族，整天飆車、玩小鋼珠，無憂無慮的生活就這樣持續了好幾個月。直到某一天，在咖啡廳吃早餐時，聽到鄰座的中學生興高彩烈地談著「畢業旅行要做什麼？」等話題。沒想到「畢業旅

3 MiNaMi：ミナミ(minami)。是指橫跨大阪市中央區及浪速區一帶，包含一般人熟知的心齋橋、難波等，如台北東區、西門町等的鬧區，區內有百貨公司、餐廳、亦有特種行業等。

行」四個字引起了我極大的反應。

——對啊！我根本還是個中學生嘛！我也想去畢業旅行，留下一些青春的回憶！

瞬時變得很想回學校，坐立難安下我留了張紙條，寫著：

「姐姐，抱歉！其實我還是個中學生。因為想去畢業旅行，決定回學校上課。我回家了。」就這樣離開了姐姐家。現在回想起自己中學時的幼稚行為，只能搖頭苦笑。

這時剛好有個暴走族同伴，介紹一位黑社會老大給我認識，在他的安排下，我順利回到學校，也如願參加了畢業旅行。畢業後，我到老大家拜託他「請讓我加入幫派！」，但老大毫不猶豫地拒絕了。

「你有辦法向曾經照顧過你的人討債嗎？做不到吧？想混黑道就得聽命行事，你這種不聽話的人是不可能的啦！」

原以為可以毫無問題地加入黑道，卻反被拒於門外，令我相當意外。我想老大用意是要我去找一份正當的工作。而後我開始在大阪的泉南一個人生活，到蛋糕店上班，也到建築工地作工。

不久後，發生了改變我一生的大事。

## 與母親重逢及發生車禍

那天一回到家，發現媽媽竟然坐在家裡頭。我根本沒告訴她住處，是媽媽到處向親戚打聽才知道的。

「我去算命時，算命師說：『令公子恐怕會有大事要發生，請儘快找到他。』」

媽媽聽到後很擔心，坐立不安下趕緊找上門。

「既然都是在工地做工，乾脆回去幫忙，怎麼樣？」

不管怎麼說我都不想回家，但是一看到媽媽擔心的表情，我動搖了。為了回報她費力找我的心意，我決定回繼父家，幫忙泥水工的工作。

才去了兩天，第三天因為下雨，不想上班就打電話請了假。那天正好是前公司的發薪日。傍晚，前同事幫忙拿薪水來給我。兩個人就順道去喝酒了。結果，在居酒屋和小混混大吵一架，我們慌慌張張地開車逃走，開車的是酒醉又無照駕駛的同事。

說來很不可思議，我的記憶到此完全被切斷了。醒過來時，我已經躺在醫院的病床上，臉上罩著氧氣罩，意識朦朧，沒感覺到任何疼痛或不舒服，回過神來只見媽媽滿面憂心地望著我。

「發生了什麼事？」

我完全想不起來昨晚發生的事，腦袋昏昏沉沉，一動也不能動地躺在床上，這狀態大約持續了一個禮拜。

直到警察來做筆錄，才知道當晚發生了重大車禍。同事開車撞上圍牆，車子撞得稀巴爛，聽說是用電鋸把車子鋸開，才救出來的，現在回想起來，我還真是命大。

「雙腳應該只是複雜性骨折吧！雖然腳有點麻，但三個月後，一定可以復原的。」我一派輕鬆，完全不擔心以後能不能行走的問題。

當時待的是只有四張病床的小醫院，沒有聽到關於傷勢的詳細說明。入院後第十天，因為小醫院無法進行手術，於是轉到大醫院。我聽到時很開心：「好耶！動完手術就能早點出院了，真幸運！」

「你這輩子，再也無法用自己的腳走路了。」

我轉到和歌山縣的勞災醫院，這是一間附設大型復健中心及食堂，樓高六層很氣派的醫院。

然而，醫生一句震撼性的話等著我：

「聽好了，你這輩子，再也無法用自己的腳走路了。」

腦袋瞬間化為一片空白，什麼都無法思考。

「什麼？什麼意思？沒、沒辦法走路!?」

「你的脊椎斷了。脊椎斷掉的話，一般是要坐輪椅的，而且可能不只是腳不能動，肚臍以下恐怕也沒有感覺，也不會意識到自己想上廁所。」

到現在我才第一次知道自己不只脊椎斷了，連下半身也失去感覺的驚人事實。更何況還是一輩子！再也無法走路、再也無法騎車！我震驚到淚流不止。

什麼鬼醫生！居然說出這種屁話！

小醫院的醫生避開告訴我傷勢的真相。相較下，大醫院多的是重傷重病的患者，我的傷勢還算是比較輕的，這種程度的告知，對這間醫院來說根本不算什麼。

醫生結束問診後，將我轉到醫院的ＩＣＵ（加護病房），決定一個星期後手術。這時，那個「鬼」醫生清楚明白地對我說：

「神經這種東西，一旦斷了就無法恢復。就算開刀，手術後你還是不能走路，知道了嗎？就算動了手術，腳也完全無法治好，別抱太大的期待。」

我才知道，這場手術什麼期待和希望都沒有，只不過是把斷得亂七八糟的骨頭接回去罷了。

手術時間長達十一個小時。「鬼」醫師是名醫，替我執行了難度極高的手術。儘管如此，當時的我並不了解醫術的高明與否。手術完回到病房，只覺得「往後的人生一片黑暗」，無底洞般的絕望席捲而來。

腳廢了還有辦法活下去嗎？往後要怎麼過日子呢？不安和孤獨襲罩上來，我不停地嚎啕大哭。

手術後四個月間，因為脊椎斷掉了，只能面向天花板仰躺，如果亂動的話，好不容易才接起來的脊椎會歪掉。我的腰被牢牢固定住，不能自由翻身，只能仰睡，吃飯和排泄都無法自己一個人解決，成天處於昏睡狀態。直到今天我的背部都還留有當時褥瘡的痕跡。

至於住院費用，「鬼」醫生馬上幫我申辦了殘障手冊和殘障年金的給付手續，所以不用擔心花費的問題。

我鮮明地記得自己當初的模樣和心理狀態。總像是在逃避什麼似的，沉溺於空想中或計算散布天花板上的小洞穴。

「昨天數到第４５７３個，今天要從下一個洞４５７４開始。」

如果不拚命地數著小洞讓自己分神的話，當時應該很難撐下去吧！

# 殘障者的希望之星

入院生活持續了大約一年半。在病榻上我每分每秒都處於「前途無望了」、「沒有希望了」、「糟透了」的情緒中。

當時電視常播放甜點的廣告，松田聖子和田原俊彥兩位大明星像情侶般地坐在一起，那些畫面在我看來非常刺眼。現在回想起來，那種忌妒簡直跟笨蛋沒有兩樣。

「反正我一定交不到女朋友。人家可真幸運啊！……」

「別人和我完全是兩個世界的人啊……」

「我是怪胎……」

換個頻道，播放著職業摔角比賽。我曾經學過少林拳法，也很喜歡武術和體育。一看到職業摔角，忍不住嘆氣想著：「我再也沒辦法做到了……」

再換個頻道，這次是連續劇，而且還是愛情連續劇。

「夠了，給我停下來！」

不管轉到哪一台，都只會讓我更加反感和意志消沉。直想著電視、收音機、報紙最好給我統統從世界上消失！

什麼都不想看，乾脆閉上眼睛，什麼都不想最好。記得當時自己下定決心，不聽不看不想，一直矇著眼睡覺。

「如果能做職業摔角手，該有多好啊！」

這個念頭冒出來的下個瞬間：

「不可能！不可能！別妄想了！」

「啊，要是可以走路的話……」

整個住院期間，我的心思就像鐘擺一樣搖來盪去。

一個月後，一個改變我消極人生的小小契機悄悄降臨。一直住在加護病房的我，在「鬼」醫生的算計下，搬到了可容納十人的重度脊椎損傷患者的病房。這裡也有頸骨損傷的人，以整型外科來說，是最嚴重的傷害。

而我在這群患者當中，還算是中等程度的。

這麼說或許很失禮，但當我第一次進到病房時，坦白說以為自己到了鬼屋。整間房內盡是住院十年以上，脖子以下無法動彈，全身瘦得像木乃伊一樣，手腳殘廢，只剩下嘴巴可以動的人。

「為什麼，我會被放到這樣的房間？」

「我該不會也淪落到這種地步吧？啊——我不要！」

這麼一想陷入極度的沮喪中。

後來，總算了解「鬼」醫生把我轉入那間病房的原因了。

因為大家都會這麼對我說：

「真好呀！你的手還可以動……」

雖然我完全無法認同。

——這些傢伙在胡說些什麼！我的腳可是不能動的啊！

——在你們這些只有嘴巴可以動的人看來，我可能很好。但是在我看來，這可是天大的傷勢耶！就算手還能自由活動，但雙腳不能自由活動的人生根本沒有意義可言！

——真是的，這些傢伙盡說些沒有用的話！

儘管如此，大家還是七嘴八舌地說：

「如果我的手能夠動的話，我想做做看這個，試試看那個……」

「對了，我也想結婚！」

這些話真讓我很驚訝！

「這些人是怎樣？盡講些異想天開的話！好像只要手能夠動，連結婚都沒問題？」

對於四肢殘廢的人來說，似乎只要手能動就可以結婚……什麼事情都可以辦得到一樣。對他們來說，光是「手可以動」就是無窮的「希望」就是具有重大意義的事情。

我儼然成為病房中的「希望之光」。一直認為前途毫無指望的我，在他們面前卻是光輝燦爛般的存在。我終於開始感到自己的未來或許還有一點可能性了。

十人的病房裡，其中七個人陸續離開人世。他們都是把我當成自己的孩子般疼愛的人。因此臨終前，都會將我叫到身邊對我說：

「要認真的活下去喔！」

「加油喔！」

不管是哪一位，都是如此懇切地叮嚀我。對頭部以下無法動彈就邁向人生終點的他們來說，我看起來一定是充滿了無限的可能性吧。

那些字句中所隱含的祝福以及生命的重量，究竟是加諸了多少心意的話語呀！那是他們燃燒將盡的生命之火也要傳達的訊息。這些話語久久迴盪心中，溫暖了我的心。他們對生命的意念，如同交接接力賽跑的棒子般傳接了給我。

直到現在好像都還可以聽到他們不斷傳來的聲援：「代替我好好活下去啊！」若他們天上有知，一定會為我已成為諮商師，不斷向人們傳遞生命有多寶貴的信念而感到萬分欣慰吧！

## 告別雙親與結識新夥伴

剛住院時，父母親都有來探望我，和生父則是久違的重逢。只不過兩位親人之間，最後卻演變成爭奪「我」的場面，他們似乎都期待收到政府可能發放的傷害保險金。不幸中的大幸是，我有一隻腳可以活動了。不過卻也因為還有一隻腳能動，「雙腳殘廢」的情況下才會發放的保險金，現在變成一毛也拿不到。

沒了錢，父母來探病的次數驟然下降，他們現實的舉動徹底傷了我的心。我再度對自己生存的價值產生了極度的質疑。

「我的存在對誰都沒有好處！」

「就算活著，也是一個廢物罷了。」

灰暗又沉重的情緒重重地壓住了我。

然而另一方面在醫院也有好的際遇發生。

有一位大哥因為車禍導致腰部以下半身不遂，和我的狀況相似。這位大哥雖然必須依靠輪椅生活，卻能開著車到處跑，還常常帶我出去玩！真是有夠酷，我很崇拜他。大哥從事印刷相關的事業，當時蠻賺錢的。

「我也想像大哥一樣地獨立。」

轉念間一絲希望湧現，大哥是令人憧憬、閃閃發亮的具體存在，也許我也有機會過著如他一般快樂的生活。

之後大哥像是出家庭作業般地，開始要求我讀書，筒井康隆、小松左京、星新一……等作家的作品，我近乎貪婪地一本接一本地讀下去。

「如果覺得讀書很有趣的話，說不定就有寫文章的天份喔！」

多令人開心的一句話，真是莫大的鼓勵！透過大量讀書，我學會了很多漢字。後來才知道，大哥的出現也是「鬼」醫生的一手安排。

我口中說不停的「鬼」醫生，其實是一位很溫柔的人。他會以不近人情的方式宣告我這輩子再也無法走路，或許是基於：「希望這孩子不要浪費時間，早點振作起來」的心情吧！聽說醫生好像經常對那群坐輪椅的老病人說：「那孩子就拜託你們多多關照了！」他就像關心自家孩子一樣地關心我。

我之所以有今天，都是託「鬼」醫生的福。

## 社會現實的嚴苛衝擊

出院後我決定去殘障專門的職業訓練學校。那是一所能學習印刷技術的學校，也配有宿舍，上學很方便。

「在這裡學到一技之長，就可以像那位大哥一樣成為印刷師傅！」

這是當時十七歲的我所描繪的夢想藍圖。

不過入學需要經過競爭激烈的考試，上榜率約十分之一。二月考試，考上的話四月入學。考完試後我回到老家等待放榜。

那段等待期間，真是超乎想像的不安與難熬。

「萬一落榜了怎麼辦？」

看不見未來的不安與恐懼接連襲來。

住了好一陣的醫院，理所當然是個很方便輪椅活動的空間。與醫院相較下，老家自然不是無障礙空間，上廁所得爬著去，三餐也一定要別人幫忙準備好。

醫院裡不論醫生還是護士都會隨時留心，儘量讓患者住得舒適；而家中若不事事麻煩別人，就無法生活下去。此外，也沒有任何朋友來訪。在醫院至少還有同病相憐的同伴，可以盡情聊天來排遣寂寞孤獨的心情。

出了醫院後，我首次面對沒有無障礙空間的嚴厲現實生活。

比方說，在平坦無奇的地方也會跌倒，上個洗手間都沒辦法的焦躁，連買包香菸也是無比的麻煩。正常人可以輕易完成的芝麻小事，對我而言卻是困難重重。有多少的辛酸，就有多少的眼淚。四歲開始就一個人獨立生活的我，對這種事事得麻煩別人的生活覺得很屈辱。

只要是人，都會懷有「想幫助人」或「想要對誰有所貢獻」的想

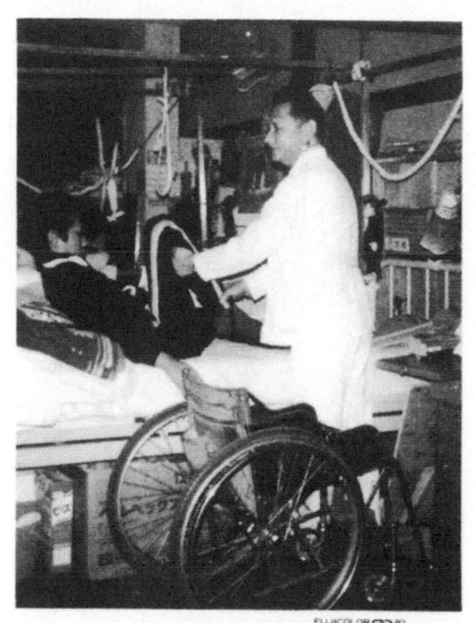


「鬼」醫師的治療情景。沉默寡言，卻很關心我的未來，給我很多的照顧。醫術高明博得所有人的尊敬。

法，我也不例外。但是，行動不自由的我不只不能幫助人，還變成周圍人的沉重包袱。這個自覺讓我逐漸產生強烈的罪惡感。殘障者或多或少會對家人、社會抱持著自己是沉重的包袱、困擾、麻煩……的想法。

像是被人宣告「你這輩子都是困擾別人的存在唷！」

和四肢健全的家人住在一起，每天都坐如針氈。

吃飯也好、上洗手間也好、晚上睡覺也好，甚至只是坐著不動，也會覺得自己是個只會給別人帶來莫大麻煩、惡魔般的存在的人。

總覺得大家都用異樣的眼光看著自己，不論發生任何事，都會覺得是自己的錯。無止盡的自責下，開始覺得自己死了最好。這是我第一次如此認真地想要自我了斷。

# 第二章 自殺未遂與東山再起

## 臨時起意的「添麻煩之旅」

「走吧！自殺去！」

下好這個決定時，正好收到殘障年金的發放通知單。我到郵局提光所有的錢，放入口袋，因為是臨時起意，我連睡衣都沒換，就穿著離家出走了。目的地是以自殺聞名的福井縣東尋坊[1]。我曾經騎機車去那裡兜過風。

1 東尋坊：位於日本福井縣，高達25公尺的安山岩海崖，經長年的海蝕作用形成獨特的景觀，被日本指定為國家名勝。但真正讓此地聲名大噪的則是層出不窮的自殺者。其嶙峋的地形，加上媒體的報導，自殺人數不斷攀升，讓當地政府不得不在崖邊設置救命電話及義工，曾經一年之間高達30位訪客經義工勸說而放棄自殺。

「跳海自殺吧！」

決定自殺的我皺緊眉頭，面無表情的以衝破二月冰冷空氣般的氣勢，推著輪椅前往車站。

當時我住在大阪泉南的鄉下小鎮，從家裡到車站約四公里，那個年代還沒有「無障礙空間」的觀念，小小的車站當然免不了得爬樓梯。我心想：「到達目的地為止，一定會給很多人添麻煩。」再加上還不是很會推輪椅，若要去車站搭車，就必須要勞師動眾，而故意給人「添麻煩」正是我的目的。

現在回過頭來分析當時的心情，應該是這樣子的：

「藉由給別人添麻煩，確認自己是個沒有任何存在意義的廢人。如此一來，就能確實感受到『看吧！這個世界對殘障者就是這麼無情，就算我死了也無所謂！』」當時一定是很希望週遭的人，能接收到我心中那股「死了也無所謂」的感受吧！開口嚷嚷：「我想死」是挺簡單的，但要實際付諸行動，除了非常強烈的決心，還需要推動這個決心的最後一根稻草。

我刻意尋找看似情緒不佳或很會惡言相向的人。

第一個映入眼簾是推著推車的歐吉桑。他留著長長的鬍子，看起來就像睡在路橋下，一個月沒洗過澡，被貼上「反社會」的標籤，人人避之唯恐不及的流浪漢。歐吉桑的眼神凶惡，表情刻薄，聲音尖銳。

「哇，找對人了！這個歐吉桑絕對會搶走我身上的錢，再一腳把我踢開逃之夭夭吧！」

抱著這樣的期待，我叫住了歐吉桑。

「歐吉桑，來幫我推輪椅！」

——來！快把我的錢拿走！再一腳踢開，逃之夭夭吧！

歐吉桑迅速地靠過來。

——看吧，果然要出聲罵人了！

## 來自陌生人的溫柔

但歐吉桑的態度和預期的完全不同，他用溫和親切地聲音問我：

「少年仔，你要去哪裡？你的腳是怎麼回事？」

意料外的回應讓我頓時不知該如何回答。

「沒什麼，出了車禍……。啊，我想去車站。」

「真辛苦呀！沒問題，交給歐吉桑。這樣呀，你一定吃了不少苦吧！歐吉桑很清楚喔！」

歐吉桑邊說邊把他賴以維生的推車擱在路旁，推起了輪椅。

——等等，不是吧！我明明希望被當成麻煩，怎麼歐吉桑一點不耐煩都沒有？

歐吉桑使勁力氣推車，像是在告訴我他明白輪椅生活有多不容易似的，我的意志瞬時動搖了。

更要命的是，歐吉桑的笑容。滿臉皺紋擠在一起很幸福似地笑著。

「剛才明明還一臉要死不活的表情，為什麼現在在笑呢？」

我的心情馬上一沉，無法忍受眼前的一切。

「歐吉桑、好了啦，我想去麵包店買麵包，推到這裡就好了。」

「真的可以了嗎？啊，這樣啊。任何時候你需要幫助的時候就說一聲喔。如果有看到歐吉桑的話，儘管開口！」

把我推到麵包店後，歐吉桑用很開朗的聲音和笑容跟我道別，回他放推車的地方去了，看起來很幸福的模樣。

——實在想不透，怎麼會是這樣的歐吉桑?!

我像洩了氣的皮球。原本是要讓人覺得困擾，結果反倒讓對方高興了起來。

現在想想，那位歐吉桑大概平常就被人藐視、排斥，從未被人求助過吧!然而，一個來自殘障男孩的求助，一定讓他感到能盡自己的綿薄之力幫助別人，這種被需要的感覺真好。對我伸出援手的同時，他也肯定了自己的存在價值。

計畫失敗了，我開始找下一個目標。

——這附近難道沒有會覺得我是個麻煩人物的人嗎?

才這麼一想，碎碎念的歐巴桑出現在麵包店門口。幾年前我還在飆車時，這個歐巴桑總會喊著「吵死人了！」抓著雨傘衝出來趕我們。或許因為她自己沒有小孩，加上常常責罵附近的孩子，久而久之被大家討厭了。

——太好了！這次不會錯了。歐巴桑一定會罵我一頓吧！

「阿姨、阿姨，幫我推輪椅！」

我用一臉不開心的表情叫住她。然後，整天都像在碎碎唸著「今天實在有夠衰」的歐巴桑快步跑了過來。

——來了！就像以前一樣把我當廢物打吧！

但是歐巴桑反而一掃陰霾的表情，不只一臉微笑眼睛還閃閃發亮。

「你怎麼啦？」

從來沒聽過她用這麼富有同情心的溫柔聲音説話。

我再次感到不知所措。

「沒什麼，出了車禍……」

「不是早就跟你說過了嗎？早晚有一天會變成這副德性，你知道我多擔心嗎？」

——又來了，一定要說同樣的話嗎？真是的，連這個歐巴桑也在笑著，不覺得我是個麻煩嗎？

到車站還有很長一段距離，歐巴桑用不曾展現的笑容幫我推輪椅。我的背部感受到了歐巴桑傳來的陣陣溫暖心意。

面對預料外的進展，我當時想必滿臉困惑吧。

「可以了，可以了，到這裡就好了！」

「你在說什麼傻話，歐巴桑會幫你推到最後的。」

最後終於把我推到了車站。

「發生什麼事情的話，要跟歐巴桑講喔！我的電話號碼給你。」

說著遞了張寫上電話號碼的紙條到我手上。歐巴桑多管閒事但無限溫暖的手，再度動搖了我的決心。

——真糟！沒有人把我當成是累贅。

到達車站的我想著。

回想起來，那位成天碎碎唸的歐巴桑也罷，流浪漢的歐吉桑也罷，其實都是心地善良的人。只要有機會他們都很樂意去幫助別人，特別是像歐巴桑那般身邊沒有孩子的人更是如此吧！

下一個目標是車站。當時的車站大多不設電梯。

——對了，記得這裡的站務員都工作得很心不甘情不願的樣子，剪票時總是很不耐煩。在這裡總算可以被當成麻煩了吧！

我馬上按了樓梯下的呼叫鈕。

「不好意思，我坐在輪椅上，想到月台。」

——來吧，就像平日一樣，給我不耐煩的臉色吧！最好再罵一句：

「真麻煩哪！像你這種人最好別來啦！」

結果，站務員們很快就集合起來，把我團團圍住。

——每個人都給我擺出厭煩、不耐煩的嘴臉吧！

只不過，站務員個個神情開朗。

「好，大家準備好了沒？椅子抬起來了嗎？少年仔，還好嗎？」

他們有說有笑像抬著慶典轎子一樣，很開心地把我送到了月台。

——再一次，大家臉上都掛滿了微笑。

站務員們似乎覺得能把我抬到月台是一件很光榮的事。

——明明工作時看起來老是滿臉不悅，為什麼會如此善待我呢？

我心中滿溢著愧疚感，不禁脫口說出：

「對不起！」

用道歉來表達感謝，好像怪怪的，但我就是覺得自己對站務員們做了什麼壞事。

## 奪眶而出的淚水及一句「謝謝」

一個行動不自由的殘障者上個街，「對不起」、「不好意思」恐怕都得說上百來次不可。

「不好意思，請幫我開一下門。」

「對不起，可以幫我推一下嗎？」

「不好意思。」

「對不起。」

「不好意思。」

總覺得一天之中若不一直說著「對不起」、「不好意思」的話，根本出不了門；因為很多事情不借助他人之力根本辦不到，當然我也不例外。

致歉後，站員們大力拍著我的肩膀。

「別這麼說，我們就是想幫助你這樣的人吶！」

「為了讓坐輪椅的人能多出門走走，我們很努力作訓練喔！」

「但這裡畢竟是鄉下地方，很少有坐輪椅的人來呢！」

「總想著這訓練哪一天可以派上用場。上次訓練後，你可是第一個來的喔！謝謝你來，回來時說一聲，我們會好好地做的！」

這些想都沒想過的話，著實嚇了我一跳。

從以前到現在，有誰曾如此為我著想，小心翼翼地對待我嗎？直到這一刻之前，我總以為世界上所有的人都討厭我。

但站務員的一番話，徹底改變了我根深蒂固的想法。

——這是一個很友善的世界。

——歐吉桑也是，歐巴桑也是，大家都是很溫柔的人。

——都是我自己誤會了。

這麼一想，淚水一顆顆滑落下來，站員們的臉看起來就像慈悲的佛陀一樣。

「謝謝。」

雖然只是輕輕小小的一聲，但我總算能將感謝說出口。即便站員們笑著說「哪裡、哪裡，不客氣喔！」我一時間還是無法接受這種溫暖的回應。

儘管來自他人的溫柔打動了我的心，我還是決心要自殺。去東尋坊的決意依舊不變。查過路線後，至少得轉個四五趟車才有辦法抵達東尋坊。也就是說，一路上還得仰賴很多人的幫忙。

結果這一路上遇到很多主動叫住我的人。說的也是，一個穿睡衣坐輪椅的男孩，死氣沉沉的臉加上哭得紅腫的雙眼，悲壯的神情，任誰看了都會認不住起疑，心想他到底發生了什麼事？如果現在的我看到少年的我，一定會當場把他叫住，馬上作心理諮商吧。

## 浩浩蕩蕩抵達東尋坊

途中有對情侶叫住我。

「喂，你要去哪裡？」

「東、東、東尋坊。」

「啊，這樣啊。東、東尋坊是嗎？我們也要去東尋坊唷！」

雖然這對情侶跟著我一起去東尋坊了，但總覺得他們是臨時決定的。

不可思議的是，這樣的人一個個出現，最後變成總人數高達十人的旅行團，甚至得分乘三台計程車前往。儘管我感到很奇怪，還是跟著一群人抵達東尋坊了。東尋坊四面環海，嶙峋的怪石矗立著，簡直就是絕佳的自殺場所。

但我失算了。東尋坊沒有電梯，要跳海自盡就必須往上爬。坐輪椅的我根本上不去。

——怎麼辦？要怎麼樣才能死？

或許我臉上的絕望感太過強烈了吧。一起來的十個人中，其中一人上前主動跟我攀談。

「喂，你來這裡做什麼？」

「我來看海。」

「那也應該看夠了吧，我們回去吧！」

「不，我還有事，你們先走！」

「反正都要回去，大家一起走吧！」

「不用……。」

「你到底是來幹嘛的？」

「來看海。」

「看夠了吧，走吧！」

執拗的對話往來了好幾回。

「說真的的真的，你到底是來幹嘛的？」

我沉默了好一陣。

「我的身體變成這副模樣，活著只剩痛苦、無可奈何罷了……。」

「啊，我就知道，你臉上有寫喔！你覺得我們會把你丟在這裡嗎？」

這句話讓我的眼淚直接掉了下來。我越哭越大聲，越哭越激動，將心中蓄積的一切痛苦嚎啕大哭了出來。

## 一句「謝謝」牽絆起來的溫柔人們

「原來，這群人是為了救我才跟著來的……」

穿著一身睡衣坐在輪椅上的男孩，以悲壯的神情說出「要去東尋坊」，不管是誰聽到都一定會起疑的。

「這小子一定是想跳海自殺，得想辦法阻止他！」然後，原本打算要去別的地方的人也改變主意跟了過來。

當我終於察覺到，一群彼此之間毫不相干的陌生人，因為擔心我想不開，一路跟上來的這份善意後，眼淚就再也停不住了。我第一次切實地感受到人與人之間的愛情可以這麼深刻。在大家圍繞下，我回到家了。

明明是要去尋死，卻受到幫助平安回家，真是想都沒想到的結果。

回頭檢視既往，雖然常常向人說「對不起」，卻很少將「謝謝」說出口。更進一步思考，我甚至連「請幫助我」都盡可能不說出口。我不主動向人求助，一旦受到幫助也只會說「對不起」。然而這次的旅途中，只要我開口說聲「謝謝」，大家都會很開心地用笑容回應我。

到目前為止，即使我的朋友們說：

「帶你去哪裡走走吧！」

「一起去玩吧！」

「一起去兜風吧！」

「我來幫你推輪椅吧！」

我總是拒人於千里之外的回答：

「不用啦，你們自己去就好，今天有我想看的電視節目，讓我一個人就好了……」其實，我根本沒有什麼特別想看的節目，只是討厭給人家添麻煩而已。等到朋友們真的留下我出去玩時，他們似乎也會有種拋棄了什麼的愧疚感。每當我訊問玩回來的朋友「好玩嗎？」他們總是回說「不怎麼好玩，還好你沒去」。雙方都小心翼翼地顧慮彼此的感受。

我為了自殺前往東尋坊。但是當我對站務員說出「謝謝」時，其實內心深處似乎有個聲音在說：我不應該去尋死。

如果當時成功自殺了，應該會讓周遭的人陷入錯愕中吧！他們恐怕會怪自己居然見死不救。若說去東尋坊的自殺之旅有任何意義的話，大概就是體會這個道理吧。

大多數的人都希望能幫助他人，成為他人的力量，尋找能夠付出的機會。一旦能夠對人伸出援手，並成功幫助人的時候，就能得到打從心底滿足的喜悅。尤其是幫助有困難的人，甚至能得到無以言喻的幸福感。

——我終於明白了。

# 第三章　直到我成為治療師為止

## 揮之不去的死亡陰影

從東尋坊之旅回來後不久，我正式考取了殘障職業訓練學校，開始了一年的住宿生活。在學期間習得印刷技術，並拿到了證照。我心中滿心期待未來可以像那位酷大哥一樣地過活！心中漲滿了種種希望。

學校畢業後，進了一家中型印刷廠，十九歲時第一次結婚。因為夢想成為獨立設計師，二十歲時轉到一家設計事務所工作。

夢想很快就實現了。我創設了一間包辦設計、行銷企劃等業務的公司，變成了社長。認真工作的結果，業績不斷提升，一切似乎都很順利地進行著。

但令人痛苦的事依舊找上門來。雖然東尋坊之旅讓我體會到了人性的善良，但還是難以讓我徹底擺脫來自「自殺」和「死亡」的束縛。我的身邊陸續發生了好幾件與「死亡」相關的事件。

我有個小學開始的青梅竹馬玩伴，他媽媽被關進了監獄。他為了母親出獄後能夠一起好好的生活，脫離暴走族轉行當建築工人，是一位很認真的青年。只是刑滿出獄的媽媽，不只跟一個年輕的小混混在一起，還被捲入什麼問題事件中。聽到這個傳言後，很擔心有一天麻煩會找上門來。

二十一歲那年，偶然在加油站碰到他。

「泰三，有件事想和你談一下。」

雖然他提出了要求，但我心想「一定是些麻煩事吧！」就拒絕他了。沒想到日後卻發生了讓我痛苦很久的事情。無人可傾訴的他，隔天開瓦斯自殺了，原因好像跟那個小混混有關。

「我為什麼不聽他說呢……」

「當時如果付出一點關心的話，他不就可以不用去死了嗎？」

「都是我的錯……」

我不斷地自責，感覺我要為朋友的死負起責任。

**或許我就是瘟神……**

再來是二十二歲時，父親因為某些緣由自殺了，享年五十歲。血脈相連的父親死了，照理説不可能不難過。但乍聽到這個消息時，我非但沒有一絲難過之情，甚至還嘲諷的笑了一笑。

「事到如今，搞什麼嘛！反正才一起生活到四歲而已。」

以這樣彆扭的心情面對父親之死。

學了心理學後，我明白當時只是單純的逞強，那是一種內心深處的寂寞感的表現。

死亡的故事還沒結束。我介紹一個老朋友，進入我以前上班的設計事務所。我離開後，他仍留在那裡工作。當時，我們的交情好到我曾承諾他：「如果將來公司夠大的話就雇用你喔！」

二十四歲時，偶然在小鋼珠店碰到他。

他一臉愁容低聲跟我説：「我有話想跟你説。」

我猜想他是因為經濟上有困難，絕對會説出「請僱用我吧！」的請求，我不想被牽連，就跟他說：「下次再聊吧！」

仲夏季節，他在中元節的祭典上，發狂般的跳舞。僅管周遭的人不斷勸說「該停下來了！」，他還是堅持「我還要跳，我還要跳！」。結束後他開瓦斯自殺了。事實上，他是因為婚約被取消而心情低落，他只是要我聽聽那件事而已。聽到他自殺去世的消息時，我強烈責備自己的誤解。

「為什麼我不聽聽他要說些什麼呢？」

「之前明明就有一樣的經驗了……」

「我真是個糟糕透頂、無可救藥的人渣！」

為什麼我身邊有這麼多關於死亡的事情呢？我沉痛地懷疑自己就是瘟神本人。

## 接受我的諮商後，選擇自殺、變成殺人犯

關於死亡的事件還沒完。

二十六歲時，就在事業開始越來越上軌道時，泡沫經濟崩壞了，公司業績不斷滑落。為了激勵公司員工，我開始往返心理學教室。那是個以自我成長課程為主的心理講座，主要是讓員工來進修。我接受講座主持者的個人親授課程，學習基礎心理學。變成實習生後，也協助訓練，以電話或面對面的方式聽人說話。換句話說，就是心理諮商的修業。我竭盡所能、全心全力地投入電話諮商和一對一的諮商活動。

但我負責的個案中卻出現了兩位死者，一位自殺，另一位殺了人。

「為什麼會變成這樣？」

「我是不是說了什麼誤導對方的話？」

「難道我的命運就是擺脫不了死亡嗎？」

我狠狠責備自己，同時被無力感籠罩。

「諮商這種事情，到底有什麼用處？」

「明明是想幫助人，卻弄出自殺者和殺人的兇手……」

我非常地懊惱，自責到無以復加的地步。

## 逃亡途中改變人生的際遇

——就算拚命諮商輔導，也只是讓人徒增不幸！

——心理組成什麼的，就算學會了又有什麼用？

——放棄當心理學講師吧！

——逃離這個講座吧！

這個想法才剛冒出來，我的公司遭到跳票，因此背負了一億兩千萬日圓的債務。為了不給太太和剛出生的孩子帶來麻煩，我離了婚。

公司倒閉後，我也停止參加心理學講座，躲到大阪的某處。逃亡途中，右腳痛到近乎抓狂。這難以忍受的痛，是車禍後遺症帶來的脊椎神經痛。很多人因為熬不過脊椎損傷帶來的神經痛而選擇自殺。神經痛一旦發作，不論做什麼都無法抑止。讓人忍不住吶喊的疼痛，往往會持續一整天。為了止痛，我不得不服用止痛藥。

人生有時候就是會幫你安排一些奇妙的際遇。逃亡生活中，為了找住處去了某間房仲公司管理的大樓看房，沒想到就在八樓的地方，竟然有之前參加的心理講座的事務所。在這裡和之前的心理學老師意外重逢，簡直就像翹課的學生被抓包一樣，因此我又回來繼續學習課程了。

也因為這個緣份，二十八歲時我和講座中認識的女性結婚了。前妻當時也早已再婚，所以沒有任何問題。再婚後為了養家活口去職業介紹所，找到了某家工廠的工作。白天在室溫高達四十度，宛如煉獄般的酷熱環境下工作，晚上則在心理研習會當助理志工。

這時有個不可思議的相遇。心理講座請來了一位頗負盛名的諮商大師，平準司。平先生的團體治療主要訴求是「療癒」。他的課很受歡迎，每次上課都一位難求。而我因為是團體治療的助理，和平先生交換了名片。我對平先生的印象僅限於，一個用「療癒」奇怪療法進行團體治療的人，此外並沒有多加放在心上。或說我是抱持著：「『療癒』是什麼？這種治療真能改變人生嗎？」的疑問。

但這位只有一面之緣的人，卻對我往後的人生產生了很大的影響。

## 糟蹋得來不易的幸福

工廠的工作很辛苦，必須在高熱的環境中，進行很精密的作業。當時的我，不論肉體上或精神上都累積了相當程度的疲勞。隨著身體狀況變差，晚上的心理講座也就越來越少去了。那時太太正好懷了身孕，為了即將出生的孩子，就算狀況再糟也得賺錢，我每天都很拚命地工作著。不料有一天工廠發生大爆炸，整個廠房燒了起來，我跳進自己的車子，拚命逃離火場，當時要是再慢一步的話，恐怕就沒命了吧！

工廠關閉後到新工廠蓋好還要三個星期，不能工作的空窗期間，每天到社長家說是開會，其實只是去聽社長講話。社長大概不希望我離職，對我說：「你從今天開始加薪喔！」就把加薪後的薪資一口氣遞給了我。現在或許已經很罕見了，但當時的薪水都是直接給現金的。拿到厚厚薪水袋的這一天，也同時發生了改變我人生的決定性事件。

「趕快回家把錢拿給老婆。」

我帶著高漲的情緒開車回家，若我就這麼直接開回家的話有多好。將車子開到家門前停下來，然後就剩下將引擎熄火而已。

不可思議的是，我的身體像是有自己的意志似的踩下油門，直接開往大阪MiNaMi鬧區。

「明天公司休息，不會帶給任何人麻煩的。既然加薪了，花掉一點犒賞自己再回家吧！」

正是所謂的鬼迷心竅。

到了MiNaMi的酒店街，原本真的只打算玩一下就好，結果去了有陪酒小姐的店家吃吃喝喝，從原本的玩一下變成兩天，兩天又玩到第三天……。從該回家的那天晚上算起，我整整玩了一個星期，當然也沒去社長家報到，他一定覺得被我背叛了吧！

回過神時，錢包裡面只剩下一枚十元硬幣。

冷靜下來後，我開始反問自己為什麼做出這種事？我想我瘋了。現在回頭分析那或許是一種「破壞性衝動」。一個長久活在不幸中的人，一旦幸福一手在握時就會忍不住想要親手破壞。當然也可能跟過於嚴酷的工廠工作有關，不論精神或肉體方面，我已到達極限。

也或許，我內心深處仍舊留有想尋死的願望。心理學上有個解釋，當一個人下意識中想尋死時，可能作出一些無法挽回的行動來將自殺行為合理化。當時我的保險已繳滿一年，如果自己死了，保險金就可以給老婆和小孩。所以理所當然覺得自己死了也沒關係吧！

## 平先生的當頭棒喝及伸出的援手

錢花光了後，我看準了妻子上班的時間回到家中。十月的微寒季節，咻咻的風將落葉吹得滿天飛舞。我頭腦不清眼神呆滯，身體搖搖晃晃地總算進到了房間。

「怎麼會這樣？」

「你根本是個沒用的廢人！」

「你沒有活下去的資格！」

我不斷對自己說出一連串自責。

眼前是陽台，就位在七層樓的頂樓。夕陽將天空染成紅色，往下看是停車場的水泥地，從這裡跳下去的話絕對死得成，就從這裡跳下去吧！自殺的情緒強烈滾動著。

「在那之前，得先將遺書寫好」

我想對妻子和即將出世的孩子說「不是你們的錯」，只是攤開信紙的手卻顫抖到無法寫字。

「既然如此，打個電話給誰，讓他聽完我的遺言，再去死吧。」

翻著厚厚四百多張的名片簿，尋找能聽我說話的人，有朋友也有同事，但就是不知道可以打給誰。或許是命運之神的惡作劇，這時一張名片輕輕地飄落地板。上頭寫著「平準司」。

我拿起無線電話的子機，在陽台撥了電話給平先生。為什麼要打給這位只有一面之緣的人，我自己也不清楚。

「平先生，我是之前擔任助理的長谷川。現在要跳樓自殺，請你聽聽我的遺言。」

說完後，電話另一端的平先生卻以一派輕鬆的語調說：

「啊，長谷川先生是嗎？雖然我不知道你發生了什麼事，可是後天我有個十六人左右的團體治療——」

「不、這件事先擱下吧。我現在要跳樓，想請你聽我的遺言。你知道我的太太吧？」

「沒有啦！你先聽我說，我這次找不到助手，正在傷腦筋……」

我開始焦急，再次說道：

「平先生，我是想請你聽我的遺言！」

「你先聽我說，那個團體治療，我希望有相關治療經驗的助手來幫忙啊！」

「找助手的事情就別管了，拜託你聽我的遺言！」

接著一聲怒喝傳來。

「你這傢伙光會麻煩別人，打算留你老婆一個人哭死，自己一了百了嗎？還要我來聽你遺言，也太天真了！一次也好，你死之前至少也得做點對別人有貢獻的事。如果你後天來當我的助手，我就答應聽你的遺言。」

被說成這樣讓我備倍感意外，但我也只能將讓老師傾聽遺言的願望，寄託在去擔任團體治療助手上了。

我當時想著：「只要當完助手就可以去死了！」

其實仔細想想就應該能察覺那是平先生的巧妙安排，但當時的我卻完全沒想到。因為不想和太太碰面，就先逃去朋友的住處，隔天前往平先生所在的神戶。那是我第一次參加團體治療，而這次的經驗完全改變了我對心理治療的看法。

## 讓我明白「活著的人的痛苦」

那次團體治療只有女性參加，現場只有我一個男性。參加者中很多人的父親已經不在人世，其中有兩位的父親是自殺死的。以這種情況團體治療來說，需要一位成員來扮演父親的角色，來進行療癒性精神治療。

「從這些組員中，選出像你父親的人。」

平先生雖然這麼說，可是現場只有我和他兩位是男性，也就是說，只有我會被指名扮演父親的角色。

「你真正想跟父親講的是什麼事？」

平先生問接受治療的女性。

「爸爸，你為什麼死了？」

「是我不好嗎？」

她真的把我當成是她父親般，用很認真的眼神詢問我。純粹的眼神透露出，將父親的死歸咎於自己的強烈罪惡感。

「不是，不是那樣的，妳一點錯也沒有。」

我代替她父親回答。

「不是妳的錯，選擇死亡是我自己的任性，所以不要再一臉悲傷了！」

我沒有任何抗拒就將情緒融入其中了。這位父親自殺的參加者的心情刺穿了我的心。接下來不論聽到什麼話，都止不住流下的淚水了。

一想到若我真的自殺了，家人也會有同樣的想法，胸口就陣陣刺痛。這是我過去從來沒有的想法。

用死亡來逃避問題是很簡單，但將為留下來的人帶來多大的痛苦啊！如果我死了，是不是也會為家人帶來這樣的悲傷和孤寂呢？

此外，我也對她的罪惡感感同身受，就好像看到那個至今沒有對自殺者伸出援手的自己一樣。我哭了又哭，哭到眼睛又紅又腫，頭都痛了起來。

**「你不要的命，就交給我使用吧！」**

這個治療持續了整整兩天。

結束後，心裡的某個地方感到很暢快，想必是至今積壓在心底的痛苦，隨著眼淚流出來了吧！和參加者一起認真面對「自殺」，直視自己內心的痛苦，透過「接納」來讓自己的心得到痊癒。

每位參加者都感受到深度治療的效果，臉上充滿了活力。第一次見面，我就因為貼近她們的心房，共享悲傷而留下發自內心的眼淚，這種經驗對雙方來說都是頭一遭。我因為能夠對人有所幫助，並和大家產生一體感而感到深深的喜悅。

團體治療結束後，平先生溫和地說：

「泰三，世界上有那麼多受苦的人，我卻只有兩隻手，團體治療會有很多人參加，我實在應接不暇，你願不願意來當我的工作人員？」

講完後緊緊握住我的手說：

「你不要的命，就交給我使用吧！明天就來上班，把這個帶回家去吧！」

一個信封遞到我手裡，裡面放了薪水。

我帶著這筆錢回到老婆和孩子身邊。痊癒的心已經沒有想自殺的願望了，更別說還收到了一筆錢和工作得以踏上歸途。老婆是一個聖母般大方又善良的人，半生氣的說著「真拿你這個人沒辦法……」原諒了我這次的荒唐行為。

## 將過去的痛苦經驗化成助人的喜悅

隔天是平先生公司開張大吉的日子，我成了個人諮商和團體治療公司的一員。我從沒想過有一天會成為諮商師或治療師，特別是「療癒」這個詞，曾經讓我一聽到就起雞皮疙瘩，完全無法接受的地步。之前參加的課程是自我成長型的講座，和平先生的類型完全不同。

但是那兩天的團體治療，讓我的看法完全改觀。至今所經驗與「自殺」及「死亡」有關的痛苦，在治療中能夠發揮莫大的助益。我的負面經驗能夠幫助有相同境遇的人，這可說是一種從苦難中磨練出來的才能吧！

我從懂事開始，一直都過著和內心創傷背道而馳的人生，從不承認那些傷痛的存在。但我卻能清清楚楚地看見別人的傷痛，也比誰都能夠對那種「痛」感同身受。我以為自己沒有受傷，但我錯了。正因為有創傷，才能夠對他人的痛苦產生共鳴。

「這就是我辦得到，能夠對別人有所貢獻的事！」

心念一轉，大大改變了我對心理學的態度。曾經非常排斥心理學及療癒型治療的人，現在卻從事以心理學進行團體治療和個人諮商活動，人生實在太有趣了。

每次回顧這段過往，忍不住覺得平先生恐怕第一次見到我時就明白一切了。這傢伙有一天一定會打給我，到時我得伸出援手！後來他果然以非常高超的手腕，將我引導入心理治療的世界，給予我生命的意義。

剛開始進行諮商和團體治療工作時，我完全不知道該從何著手。

「會不會又像過去一樣出現自殺者或殺人犯呢……？」

這樣揮之不去的不安與焦慮。

不過我不斷從錯誤中修正，無論如何都想幫助付錢前來諮商的人，能辦得到的事情都用心去做了。比方說，大量閱讀相關書籍以及參加難以計數的講座。憑著強烈的執著與毅力，決心要將幫助人的工作持續下去，認真地投入諮商工作。

全心全意地和聽講生面對面，一同哭泣一同歡笑，不知不覺間十

心理諮商，除了面對面溝通，也可以透過電話進行。只要是跟生命相關的各種諮商，日本全國、不分男女老少都接受。

年過去了。後來獨立出來開業直至今日。到目前為止經手的每一件諮商，對我來說都是不可取代的無價之寶。

## 不論發生任何事，還是能夠獲得幸福喔！

我的人生中關於「死亡」、「自殺」的事情比別人多出很多。

「為什麼我的周圍會有這麼多的死亡？」

「我有一天也會淪落到自殺的下場嗎？」

曾經有段時期我一直抱持這種負面想法。

而這些過去如今都有了意義。

現在我對於身處同樣遭遇中的人能夠深切感同身受，知道對方希望得到什麼樣的回應，也能夠採取適當行動。總覺得這是上天賦予我的任務。

不論承受了多少辛酸、痛苦、寂寞、罪惡感，以及死亡和自殺的恐懼，我敢斷言：「不管發生任何事情，人都能得到幸福喔！」

對我來說，沒有比用笑容來和人進行對話，並成為懷抱痛苦的人的強力支援更快樂的事了。助人的快樂是任何事都比不上的。如果你或你周遭的人遭遇了痛苦到想死的事情，都千萬不要放棄活下去的想法。因為那些痛苦的經驗，終有一天能夠對誰有所幫助的！

Part 2

# 命運治療師

# 第四章 面對內心的無感

## 說不出口的「請幫助我！」

四十七歲的我，是擁有二十年專業諮商經驗的諮商心理師。雖說是諮商心理師，但其實我只有中學畢業，也未曾在大學攻讀過心理學。我最好的老師，就是來參加個別諮商或是「團體治療」的人士。

「團體治療」的方式和一對一的「個別諮商」有所不同，是將一群有不同煩惱的人聚集在一起，藉由共同分享及承擔彼此的情感，覺察出自己的問題及處境，進而療癒自己內心的治療。

透過個別諮商和團體治療，我得以專心傾聽諮商者的問題，共同體會痛苦，一起哭泣一起憤怒，也一起歡笑。仿若事情就發生在自己身上，藉由「親歷其境」來貼近對方（被諮商治療者）的人生，學習和人心有關的種種。這些經驗滋養了我成為諮商師，進行更加深入的治療，我打從心底感謝這些經驗。

截至目前為止，我遇過的心理創傷案例約有兩萬件。前來諮商的對象，最多的是因為生活困苦、精神被逼近無感的人。每個人所遇到狀況各有不同，但在諮商過程中，我發現他們都有個共同的癥結點，就是大家都無法將「請幫助我」說出口。

大多數人都認為開口說「請幫助我」，是件給別人添麻煩的事。說不出口的「請幫助我」，取而代之的是不斷地用自責來自我麻痺，最後導致心理平衡失調。我痛切地了解這種心情。

從我因為交通事故，不得不依靠輪椅生活開始，每當需要別人幫忙時，從不肯向旁人說聲「請幫助我」，而讓自己陷入孤立的境況中。當時我甚至將全世界、社會，甚至朋友都視作自己的敵人。

但事實上，大多數的人都懷有「在自己的能力範圍內幫助別人」的想法。雖說實際上是否真的會伸出援手幫助人，會因各人所處情況而定，不過試著向他人傳達「請幫助我」的訊息，是不會真的給人添麻煩的，至少不是你所想像的程度。

假如你身邊的人，在沒有對任何人說出「請幫助我」情況下，選擇走上自殺一途的話，被留在世上的人會有什麼樣的想法呢？

「為什麼當時我沒有幫到他……」

從此陷入見死不救的罪惡感中，遭受痛苦折磨。說不出口的「請幫助我」，反而讓被遺留世上的人陷入自責的痛苦中。

我至今已經親眼見到許許多多，因為能說出「請幫助我」而獲得幸福的實例。因此當你感到痛苦時，請務必試著說出「請幫助我」。然後，在得到幫助後，記得發自內心說聲「謝謝！」。

下面將述說幾個以「死」為主題的治療案例。因個別諮商和療癒過程有保密義務，不能透露實際發生的內容，否則會讓前來諮商的人無法安心說出涉及個人隱私的事情。

所有的內容，是在取得參加者同意的情況下，才刊載出來的。（部份內容經過改編）

## 何謂心的無感？

首先來探討和自殺有密不可分關係的「感覺痲痺」。

「感覺痲痺」是一個很可怕的狀態，它會給身體帶來極為深刻的影響。

比方說：我因半身不遂坐著輪椅，但無法動彈的只有右腳，左腳是能正常動作的。只不過，左腳如果受傷的話，可以很快的治好，但右腳因為知覺痲痺，一旦受傷就很難痊癒。此外，我的左腳碰到會痛的東西，會馬上閃開；但右腳因為沒有知覺，反而會因為一直接觸，造成更嚴重的傷害。

心理的無感也同理可證。

聽來很令人心痛，很多喪失活著的感覺的人，特別以年輕人為中心，為了得到還活著的真實感而選擇自我殘害。

我們稍微來探討一下為什麼「無感」會導致自殘。

比方說你的雙腳因為長時間跪坐而麻痺。這時候，你為了找回感覺會怎麼做呢？應該會試著拍打雙腿吧！這個拍打的動作，就是你為了找回感覺而採取的行動。

自殘行為也是一樣的。因為沒有活著的實感，而透過自我傷害來進行確認。他們不是為了尋死才自殘，可以說是為了獲得活著的實感而進行的自殘行為。雖然沒有這方面的學說，但這是我天天在諮商現場感受到的現實。

至於為何會明明活著，卻沒有活著的感覺呢？我想是因為某些原因，不得不長時間壓抑喜、怒、哀、樂等情緒而導致的結果。像是有位遭受嚴重家庭暴力的女子，為了逃避痛苦導致身體「無感」，最後演變成不可收拾的自殘行為。

人只要試圖壓抑喜、怒、哀、樂之任一情感的話，就會導致其他所有的感覺跟著喪失機能。強自壓抑住悲傷和寂寞的同時，就無法深刻的感受到快樂與喜悅。

即使不自殘，還有其他因為各種原因導致感覺功能喪失的人。為了逃避痛苦，而使身體的感覺麻痺，但受苦的事實實際上並沒有任何改變。喪失感覺的人之中，也有身體產生異變的人，像是罹患憂鬱症，嚴重時甚至會尋短自殺。我也替這種陷入知覺麻痺的人進行諮商。

接下來我就透過幾個實際的案例，來談談心理的運作吧！

## 地震造成的深刻傷痛

首先，從阪神大地震所引起的實例，來看看關於「心的無感」。

一九九五年一月十七日這一天，發生阪神淡路大地震。地震發生時我人在大阪，突然一陣不尋常的轟隆隆聲從地面傳來，接著建築物劇烈搖晃，櫃子隨之倒蹋，一開始我不知道到底發生了什麼事。

得知神戶的慘況後，我開始感到忐忑不安，當時我負責諮商的對象大多住在神戶地區。因為非常擔心，就決定到神戶一趟。地震前，通通常只要三十至四十分鐘的車程，現在卻得花上五到六個小時。抵達後目睹平日熟悉的大樓震倒在地，高速公路肝腸寸斷，屋瓦遍地散亂，隨處可見起火燃燒的重大慘況。所到之處人人悲泣哀嘆，舉目所及人們都在強忍痛苦，我的心也跟著沉重下來。

震災後第三年某一天，我舉辦了連續兩天的心理諮商課程。

參加者當中有一位住著拐杖的S先生。戴著帽子及太陽眼鏡，心不在焉似地眼神飄忽不定。他看上去是個寡言的人，但一開口卻是以高昂的情緒不停談聲說笑。不協調的行為讓我覺得有些不對勁，於是試著問他：

「發生了什麼事嗎？」

「我一曬到太陽，就會出疹子。另外，腳也痛得無法走路。去給醫生看，卻得到『不知道要怎麼治療』的回答。」

在我看來，他描述的症狀很像是紫外線所引起的蕁麻疹，以及髖骨關節發炎。因為他出身神戶，順便問了一些有關震災的事。

「震災的時候，發生了什麼事？」

「我的老婆死了。」S先生用開朗的笑容回答。喪偶程度的大事，怎麼會用這麼輕快的方式回答呢？這當中到底發生了什麼事？為什麼還笑得出來？一堆疑問不斷浮出心頭。

「夫人是如何去世的？」

「幫忙震災重建時，肺部因為吸入太多石綿粉致死。」又一個滿面笑容的回答。

「那喪禮呢？」

「震災時大家都很辛苦，無法舉辦像樣的喪禮。就以播放夏威夷音樂的方式進行，致詞時以笑容説：『妳先走吧，我晚點去找妳』來為她送行。」

他的口吻簡直就像在談論一趟歡樂的夏威夷葬禮[1]。就常理而言，談到伴侶的死亡，人多少都會有所傷感。我總覺得有什麼地方不對勁，進一步深入觀察後，察覺出一股強自忍耐的壓抑。

啊——，S先生一定是錯失了大聲痛哭的機會。明明是這麼難受，不，應該説是悲傷過頭，卻又小心翼翼地避免讓周遭的人擔心自己吧！明明應該在伴侶去逝時釋放的眼淚，S先生卻選擇了扼殺自己的心來忍住傷痛的淚水。

1 夏威夷葬禮：夏威夷人認為死亡如同展開人生另一段新旅程，因此喪禮不著黑裝，而是穿著色彩鮮豔的服飾出席。會場播放亡者喜歡的音樂，或佈置遺物，參加者以笑容致詞獻上花圈，並以唱歌跳舞的方式祝福亡者，遺體傳統上以海葬方式進行。

## 為了找回失去的感覺

阪神大地震這樣的大災害中，許多身心遭受到劇烈創傷的災民，常常會選擇壓抑自己的情感。

「不能只顧著自己悲傷！」

「大家都很痛苦，決不能將『好痛苦』說出口！」

像這樣為了避免讓周遭的人擔心，而將內心的寂寞、悲傷、痛苦等情感麻痺起來，以極端的方式假裝開朗的人所在多有。S先生的身體，正是因為這種過度壓抑而出現了問題。

我想幫S先生找回失去的感覺，走上幸福的道路。隔天，我決定進行一場喪禮的集體療法。參加這個治療的人，包括我總共六人。

「我可以說一些昨天從你那裡聽到的故事嗎？」

「喔，可以啊！」

S先生的笑臉始終掛在臉上，沒有絲毫改變。

「S先生的太太三年前在阪神大地震後，因為擔任志工拚命協助重建時，不幸去世了。當時重建如火如荼進行中，所以連一個普通的喪禮都沒辦法舉行，只以播放夏威夷音樂的方式權充喪禮了。」

簡單地交代事情緣由。聽著S先生的過去，參加者紛紛露出不可思議的表情，只有S先生臉上還掛著笑容。

「你在喪禮時有哭嗎？」我問。

「沒有……沒有哭。」

「那麼，到目前為止，你曾經因太太死去的事情哭過嗎？」

「沒有。雖然我老婆已不在人世，但我相信她在上天守護著我。」

聽到他的話，有人已經不自禁地掉下眼淚，S先生卻始終笑容滿面。

「S先生的內心麻痺得不輕！」

一想到他處在這種極度自我麻痺的狀況下，我感到很沉重。

「為什麼沒有哭呢？」冷不防一位參加者丟出疑問。

「為什麼一定要哭呢？」S先生一臉不可思議似的笑著反問，甚至還一副心不在焉的樣子。

「那麼，如果可以的話，我們再來辦一次喪禮好嗎？不是夏威夷風情的，而是一場普通的葬禮。」

「咦！為什麼？」S先生一臉吃驚。

「就這麼辦，就這麼辦吧！」大家紛紛點頭促成這個提議。

「來辦吧！如何？」

「好吧，那就拜託了。辦辦看吧！」

或許是受到現場氣氛的影響，S先生決心嘗試這樣的團體治療了。

## 又近又遠的1.5公尺

我請一位女性參加者扮演S先生的太太，剩下的參加者則扮演弔祭者。現場同時播放著療癒系音樂，也布置了鮮花，力求像是一場真正的喪禮。參加者一個一個輪番上前致上節哀順變的慰問詞，並將獻花放置太太胸前。每個人都表情肅穆、哀傷，整個空間彌漫著真正葬禮般的氣氛，彷彿S太太真的躺在面前一樣。

S先生也逐漸感染到現場的情緒，退去了笑容。

大家擺上獻花後，逐一跟S太太道訣別詞。最後，輪到S先生。

「請把花獻給夫人。」

我出聲提醒，他卻紋風不動。感覺像在抗拒什麼，宛如S先生跟太太之間有道很厚的牆壁。明明距離太太只有1.5公尺，區區三步就走得到的距離。可是，他卻動也不動。

親近的人逝去的事實，往往是難以被接受的。

接納哀慟的心情時，往往伴隨著穿心的痛苦。如果不敞開心胸，去感受這撕裂般的痛楚，人就無法重新振作起來。像S先生這樣因為顧慮到周遭，選擇讓內心麻痺無感的人，既然無法感受到悲痛，也等於沒有接納事實。

長達十多分鐘，S先生彷彿永恆般紋風不動地僵立著。好不容易開始有了動作，然而那舉起的步伐，卻是非常、非常地緩慢……。

一步……

二步……

三步……

一步步接近妻子的S先生，準備緩緩將花放到妻子的胸前。

我跟所有參加者屏氣凝神地望著這一幕。

「請前進三步，獻花！」

通常只需三秒就可以完成的事，他卻足足花上了十多分鐘。

這是壓抑了三年，歷經長久忍耐無法馬上釋放出來的感情。我也經歷過那樣的壓抑，所以非常明白這種感受。此時此刻，不管要花上多少時間等待，也絕不能向對方說「請快一點」、「還差一點」這樣的話。這份屬於他自身情感轉化的過程，必須被慎重的對待。我知道真正的幸福就在不遠的前方，此刻只能耐心的守候。

## 解開塵封三年的封印

放下獻花的瞬間，S先生放聲哭叫了出來。

「為什麼妳拋下我，自己先走了呢？」

「哇——！」

他不可遏制地大聲哭泣，哭到眼淚都乾枯，喊到聲音都沙啞了。

「S先生，做得好！」我在心裡為他拍手叫好，這個過程有多困難，我再明白不過了。

S先生持續哭了一小時，將三年份強忍的眼淚，從體內深處傾洩而出。

失去摯愛的悲傷、孤伶伶的寂寞、對沒有採取其他行動的自己的憤怒、對束手無策的自己的無力感……所有因壓抑而喪失的感覺，全部回來了。

「周遭的人已經夠難過了，不能放任自己同樣沉溺悲傷中！」

這種因體貼他人而壓抑內心深處的哀傷，究竟是何等的痛苦啊！他那彷彿被捲入巨大漩渦般的情緒，第一次爆發了開來。聽著S先生的哭嚎聲，我感覺胸口也快被撕裂，淚水在眼眶打轉著。他的感情引發所有參加者的共鳴，大家緊緊抱住S先生，其中甚至出現一起放聲大哭的人。

人類就是那種一旦見到置身困難中的人，想要出手幫忙的生物。我想這就是「愛」的本質吧！得到周遭人們的協助，開始面對自己，S先生內心的傷口，一點一滴癒合了。第一次見面時感受到的那股不自然逐漸消失，屬於人的感覺及柔和回來了。

團體治療結束後，S先生一一跟每位參加者道謝。

「謝謝。」

將心找回的此刻，他的臉上呈現著穩重安詳的表情。見到那神情，我由衷地替他高興並放下心來。

## 吐露埋藏內心的感覺，邁向重生的道路

團體治療後約十天，S先生打電話來：

「長谷川先生，託您的福，我整個痊癒了！」

「是嗎？那太好了！」

「你對我做了什麼嗎？」

「什麼都沒做喔！因為你一直壓抑著傷痛和寂寞，就算笑了也只是假笑。你覺得一個強忍孤寂的人，能夠展現發自內心的笑容嗎？」

「大概沒辦法吧。」

「事實上，喜怒哀樂是一體的，一旦壓抑了其中一種，其他的情感也都會消失得無影無蹤。有的人就算自己再痛苦，也會因過度在意他人的眼光，而強忍寂寞和悲傷選擇不哭泣。你就是這樣的一個人。」

「看來是呢。」

「那樣壓抑的你，過去或許幫了某些人，但現在有對誰產生了任何幫助嗎？」

「是啊，那樣的我誰也幫不了。」

「你在團體治療的過程中『哇——！』地放聲大哭，這就是向周遭的人發出求救的訊息，大家也打從心裡幫助你了，對不對？而你也說出了『謝謝』表達感謝之意，透過這樣的過程才重拾真正的笑容，病是你自已治好自己的喔！」

對S先生而言，妻子的逝去本來是件哀痛至極的事情，但他卻強忍住悲傷和寂寞，彷彿沒有任何感覺的樣子，讓身體與心靈都失去了平衡。我想正因為他說出了「請幫助我」及「謝謝」而重新開啟心扉，吐露出真實感受的同時，也一併喚回了其他感覺，回歸成正常的狀態。

最重要的是，找回屬於自己的感情這件事。

## 殘留至今的震災後創傷

開頭有提過，這故事是震災發生三年後的事。

當大災害發生時，人們會承受難以想像的大衝擊。而衝擊所造成心理創傷，不論經過多少時間也無法消失。即使距離震災已過了十五年，街道也都重建了，但人心的復健至今依舊持續著，無法完全復原。

請大家試著回想一下當時的情景。當時日本舉國上下都在喊著「神戶加油！」把所有焦點放在災民身上。而神戶的災民，為了回應大家的援助與期望，不訴苦、不埋怨，互相打氣一路撐過來。

當大震災的傷痕逐漸被淡忘的現在，仍舊有在日本各地避難，至今無法回到神戶的災民，只不過那些人也已經被人們遺忘。他們既無法跟家人一起住，也回不了神戶，過著孤零零的獨居生活，並為強烈的孤獨感所苦。

其中甚至有屋毀人亡卻還背負著鉅額房貸的人，巨大的現實壓力下，光是要察覺自己內心其實一路懷抱著痛苦這件事，就要花上很多年的時間。

好不容易想把埋藏以久的情感發洩出來，卻沒有人可以傾訴，只能選擇獨自承受痛苦，而這份承受到最後有可能演變成憂鬱症。如果這時候能夠對人說出「請幫助我」，並獲得接納的話，不知道有多少人能因此從痛苦中解脫呀！

## 只要是人，誰都渴望被需要

德蕾莎修女說過：「這個世界上最大的不幸不是戰爭或貧困，反倒是因為被棄之不顧，而感到『自己不被任何人所需要』的不幸。」

她總是到貧窮的人家對他們說：「請捐一些麵包給我。」一向那些自認為「一貧如洗，不被任何人所需要」，有心理創傷的人要求幫忙。這些貧窮的人對於自己能夠付出什麼給德蕾莎修女，而切實感覺到自己是有力量、可以幫助別人的存在。

「請幫助我」這句話裡其實也蘊藏著「我愛你、我喜歡你」的涵義，因為「請幫助我」只有對自己喜歡的人才講得出口，與「謝謝」是一樣的用語啊！

你也曾因為幫助了誰而感到開心吧？這種感覺對任何人來說都是一樣的。在你身邊圍繞的人當中，一定都很樂意對人伸出援手。所以，當你感到痛苦時，試著鼓起勇氣向喜歡的人說聲「請幫助我」吧！

接受幫助後，記得說聲「謝謝」。一定會有什麼轉變出現的。

人與人之間的牽絆正是如此產生的。

# 第五章 面對與生俱來的傷痛

## 我是殺死母親的兇手

這是一位二十五歲Y先生的故事。

他看見研究所的網頁決定前來諮商。Y先生是位個子很高且有禮貌的好青年，目前卻是尼特族[1]，雖然去過很多公司面試，但就是無法找到工作，總覺得他很缺乏自信。

「Y先生，今天想來談什麼呢？」

「事實上，我殺了我母親！」

1 尼特族：是指一些不升學、不就業、不進修或參加就業輔導，終日無所事事的青年。

「殺」這個字一出現，頓時讓人感到緊張。

「這樣呀，是什麼時候的事情？」

「媽媽生我的時候死去了。就在我現在這個年紀，她二十五歲的時候。」據說Y先生的母親身體孱弱。當家族中有人死亡時，不管在任何一個個案中，活下來那一方都會有罪惡感，尤其以出生時媽媽就死了的情況，有可能會特別嚴重，或可說是程度最大的罪惡感吧！

我母親並沒有因為生我而死亡，所以無法真正理解這種感覺。但我試著了解Y先生的罪惡感，設法走入他的心房。

「啊——你認為你的生命是用媽媽的命換來的吧？那跟父親的關係如何呢？」

「住在一起，但盡可能不和父親打照面，我不太想見到他。」

「家裡只有父親一個人嗎？」

「不，小學時，父親再婚了，底下有一個妹妹。」

「這樣呀。當你想到父親時，有什麼感覺呢？」

「我不願去想。」

Y先生語氣突然嚴厲了起來，似乎一直想跟父親保持距離。出生時母親就因難產而死的小孩，會認為自己殺死了父親的妻子，因而對父親抱持深深地愧疚感。

「是嗎？如果試著去想的話，會有什麼樣的感覺？」

「會很痛恨自己。」

「這樣啊。」

「總覺得自己不值得信賴，甚至是個沒用的人。」

「所以才不想和父親碰面？」

「或許是吧。」

「父親會很嚴格嗎？」

「不會。不知道是不是出於同情，簡直是超乎尋常的疼我，但這份寵愛反而讓我感到好沉重……」

**「如果我沒出生的話就好了……」**

像這種出生時母親就死掉的孩子，一般來說父親都會付出更多愛，甚至過度寵溺孩子，但這種作法反而有可能造成小孩沈重的包袱。

「我竟然殺了這麼好的父親的妻子。」小孩會被這樣的想法所苦，進而將自己的心封閉起來。

「你有沒有『只要自己沒出生就好了』的想法呢？」

「有。想著如果我沒有出生的話，就會是個正常的家庭吧……」

「這樣啊。」

「總覺得只有自己不是家裡的一份子。」

我把眼睛閉起來，嘗試理解Y先生的感情。他的內心充斥着憤怒、寂寞、孤獨，以及強烈的自責。在這些感情底下，究竟還隱藏了什麼呢？我想是深摯的愛。愛越深，就越會覺得自己的出生是一種詛咒，背負著充滿憤怒與寂寞的罪惡感。

「或許是吧。那麼請Y先生稍微想像一下，如果今天你結婚了，小孩出生的同時太太也死了。」

「嗯。」

「那時候既是丈夫，也是父親的你會怎麼想？你會將妻子的死歸咎於小孩的出生嗎？」

「啊……絕對不會。醫療團隊應該也是盡全力了吧！我會認為太太的死是無可奈何的事，不是孩子的錯。」

「那麼，如果你看見一個一直都認為媽媽的死是他的錯，拚命忍耐、把自己禁錮起來的小孩，你會怎麼做？」

「嗯？」

Y先生，整個人僵在那裡，什麼也沒回答。

「你會跟這小孩說些什麼呢？」

Y先生保持沉默。

「你應該會說：『不是你的錯，你並沒有做任何不對的事！』」

「是啊，我應該會這麼說吧。」

Y先生彷彿察覺到什麼似地。所謂旁觀者清，當局者迷，自己看不清楚的事情，若是能夠換個角度想一下就明白了。我希望他察覺真正重要的事實，於是切入問題的核心。

「你曾經想過自己是一個詛咒嗎？」

Y先生內心的動搖，一瞬間強烈地傳達到我身上。

「有沒有想過只要自己沒有出生，媽媽就不會死了?或許正因為覺得自己是一個詛咒，而無法接受父親或繼母的疼愛？」

「……」

對Y先生來說這可能是很嚴厲的話，但這一點很重要，我誠心誠意地繼續地說道：

「你是不是一直不允許自己感到寂寞，不允許自己被愛？」

「說是竭盡全力也不為過吧。」

「但你現在正為寂寞和罪惡感所苦吧？」

「……」

「也許，你媽媽也有愧疚感，她一定想著，因為我的關係讓小孩感到痛苦，我想她一定不停地在天堂向你說對不起唷！」

「……」

我請Y先生想像在天堂的媽媽的心情。這是為了讓他把怪罪「自己是個詛咒」、「自己必須活在痛苦中」的心魔徹底拔除的必要過程。

「令堂應該會說：『就算知道我自己會死，也想生下這個小孩。』」

「……」

「令堂應該會說：『如果要問為什麼，我會說因為這孩子的出生，正是我活過的證明。』」

這應該是Y先生第一次站在媽媽的角度思考，我看得出來他內心正交雜著各種新感受。

# 我的生日是媽媽的忌日

因為事故或自殺失去父母的小孩都背負著很深的罪惡感，我見過幾十位面臨這樣處境的人，所以非常了解。失去孩子的父母所懷有的罪惡感當然相當沈重，但失去父母的孩子的罪惡感則更加深刻，因為對孩子而言，父母只有一個。

只和我共同生活四年的父親，在他五十歲那年因故自殺了。不知道是不是因為這心理創傷的影響，我也有多次自殺未遂的經驗。誰能想到雖然我和我父親只有相處短短的四年，但他的自殺所帶來的影響竟然是如此深遠。

特別是出生時媽媽就死了的心理創傷，是罪惡感中最為嚴重的。當事人會譴責自己是惡魔。「生日快樂」這一句話在過生日時是不會存在的。因為自己的生日正是母親的忌日。每年生日時就只會想到「自己殺死了母親」。

對於有出生心理創傷的人，我向來都舉下面這個例子：

「在天堂，有一個天使說：『稟告天父，我受到了召喚，所以要下凡去當人家的小孩了。』

天父開口說：『你將會受苦受難，知道嗎？』

天使回說：『嗯，即使受苦受難也沒關係，因為那個人需要我，我要變成對那個人而言最重要的人。』

天使下凡到了人間，進入媽媽肚子裡。媽媽很幸福，因為擁有了最重要的寶物。天使和媽媽共享了很幸福的日子，最後得到滿滿的愛，天使被生出來了。從媽媽手中拿到生命的接力棒。」

Y先生的眼眶泛紅。我用平和的口氣繼續說道：

「媽媽上了天堂，然後一直守護著小天使。媽媽對天父說：『請賜給小天使充分的時間，因為我想讓他做很多我未能做到的事！』天父答應了。而天使做了很多媽媽未能做到的事，天使變得很幸福。

在天堂看到這一切的媽媽也覺得很幸福。」

Y先生的眼淚開始一顆顆地滴落了下來。應該是迄今為止一直壓抑的眼淚吧！我遞了一條毛巾給Y先生。

「令堂在天堂是這麼說的喔：『孩子，對不起喔，讓你孤苦伶仃地一個人。』」

Y先生拿著毛巾按住眼睛。

「Y先生，如果方便的話，你要不要來參加明天的團體治療？」

Y先生靜靜地點了頭。

## 媽媽在對你說「謝謝」唷！

隔天來參加團體諮商的Y先生臉色很蒼白。但我為他的勇氣感到開心。

我的團體諮商方法是，卡片上先寫上參加者的姓名，然後從中抽出其中一張，被抽到的人要告訴大家他切身的問題。然後和身為諮商師的我對話的同時，其他參加者透過聆聽得以共享彼此的情感，這個過程讓所有在場的人產生一體感，共同面對敍述者的問題，以達到療癒的效果。

當天很湊巧的抽到Y先生。

「Y先生，怎麼辦？你要跳過嗎？」

「不用，不用跳過，拜託大家了。」

治療開始前我請Y先生先快速地談一下昨天諮商的概要。

「那麼，開始進行吧。現在請試著把心靜下來，然後開始想像。」

Y先生閉上眼、肩膀也緩緩的放鬆了。

「你的眼前有一塊純白的螢幕，螢幕上投影出小時候的你。那一幕對你而言是最難過的場景。請告訴我們：那個小男孩在哪裡？他在做些什麼？」

「在家裡，有爸爸，繼母還有妹妹，但是小男孩和大家保持著一段距離，只有他一個人杵在那兒。」

「那小男孩有什麼感受？」

「寂寞和歉意。」

「你能了解小男孩的心情嗎？孤伶伶的小男孩覺得自己不被任何人需要，而感到非常孤獨，是嗎？小男孩希望有媽媽陪在身邊。你能夠理解小男孩的心情嗎？」

「可以，因為他就是我。」

「現在，請看著那小男孩，你對他有什麼想法？」

「很想拉他一把，我想跟他說：『你其實很受到重視，也被疼愛著。』」

「現在請你代替小孩的媽媽，緊緊擁抱住這小男孩，好嗎？那小男孩一直都在那裡等候。他是一個從來沒有被媽媽擁抱過的小男孩。」

Y先生突然哭出聲來。應該是昨天的個別諮商，將他一直以來緊閉的心房開啟了的緣故吧！Y先生終於接納了那個長久以來，因為不斷自責而帶來寂寞與憤怒情緒的自己，並下定決心今後要好好珍惜自己的人生。受到Y先生情緒的感染，我也忍不住流下眼淚，因為我以前也一直認為是自己的錯導致父親的自殺。

「你媽媽已經不在人世了。如果在天堂的媽媽問你：『媽媽先死了，真是對不起你呀！』你會怎麼回答？」

Y先生搖搖頭。開始願意接納母親的死，其實不需要歸咎於自己。

「『媽媽雖然沒有機會和你相處陪著你長大，但你會怪媽媽把你生下來嗎？』如果她這麼問的話，你有什麼感覺？」

Y先生再度搖頭，終於意識到自己活著的意義以及生命的重要性了。

「我能夠被生下來，實在太好了。媽媽，謝謝妳！」

Y先生這麼回答了。

「那麼開始進行團體治療吧。請你用直覺在這些人當中，找出一位你認為沒有被父母抱過的孩子。」

「好。」

Y先生環視一圈後，選了N小姐。

「你能夠很清楚地感覺到和你有相同味道的人，所以才有辦法憑直覺挑選，我想你應該也知道該和對方說些什麼、做些什麼吧！」

「……」

「這其實就是一種『從傷痛中磨練出來的能力』，能夠幫助有同樣遭遇的人，是你未來的使命喔！」

人其實都很明白自己遭受的痛苦，以及希望被如何對待。也只有受過同樣痛苦的人，才能夠付出同等程度的理解，並給予對方真正需要的東西。

Ｎ小姐的父親在她小時候就因車禍去世了。我請Ｙ先生扮演Ｎ小姐的爸爸，讓他進行走到Ｎ小姐旁邊擁抱她的治療。

看起來不是很有自信的Ｙ先生，扮演Ｎ小姐的父親，走到Ｎ小姐旁緊緊的擁抱著她。將二十五年份的愛，同時也是Ｙ先生長久以來所渴望的東西，給了Ｎ小姐。透過擁抱這個實際的動作，Ｙ先生也一定能理解天堂的媽媽的心情。

Ｎ小姐失去父親的傷痛，透過這個擁抱得到平撫的同時，Ｙ先生看起來也打從心底安下心來了。整個房間洋溢著祥和的感覺，我和其他參加者眼睛都泛著感動的淚水。我鬆了一口氣，相信治療結束後，Ｙ先生跟家人的關係應該會有所改善，也可以為尼特族的生活畫上休止符了吧！

後來我聽說Ｙ先生也開始協助治療那些因家庭關係而有心理創傷的人。藉由自己的經驗幫助有困難的人，我想他找到了生命的重大意義。

出生時母親因難產而死的孩子大多懷有自己是「弒母兇手」的罪惡

感。但一味將錯誤歸咎在自己身上，只會為自己的人生及周圍的人們帶來更多的不幸。

然而一旦擺脫自責的束縛，當事人原本抓住不放的「罪惡感」將會轉化為特殊的「能力」。一但遇到同樣遭遇的人，他將會比任何人更有能力去理解其中的痛苦、悲傷和無力感。他會知道對方需要甚麼，也有能力將傷痛轉化成笑容。

只要能對這樣的人有所幫助，付出再多我也願意。因為我也是擺脫痛苦後，才體會到何謂幸福的人。

# 第六章 關於生命諮商

## 治療師的我所能做到的

心理諮商、心理治療，你對這些字眼有什麼樣的印象呢？或許有些人認為是一種操縱人心的技術，或者是一種完全改變接受者人生的方法。

請放心。

人是沒有能力改變另一個人的。要改變一個人比搬動一座山還要難。我沒有利用心理諮商或治療來改變人的念頭，而是尊重各自的人生，對於遭遇問題的人，我希望對方以克服難關為目標。

只有靠自身的力量跨越難關，才能轉化為真正的自信。也唯有當事人發自內心真正想要改變時，我才幫得上忙。如果是需要十年才能克服的問題，我的工作就是讓人的心在一年內完成轉化。只剩下五年可活的人，卻期望完成需要耗上十年的事情，那恐怕得等到死後才能完成。但如果問題在一年內就得到解決，那麼剩下的四年將會是怎樣不同的人生光景呢？

我能做到的，就是將時間縮短。說穿了就是幫助人完成本來就想做的事情罷了。請各位務必了解一件事：「只要一個人發自內心想要改變，就一定能夠有所改變。」

我遇過很多因為至親好友因自殺或意外死亡，而萌生「我也想跟著死」的想法的人找上我。或許是因為我有多次尋死、自殺未遂的經驗，才會讓很多人跟我吐露類似的煩惱。

## 全家集體自殺

有一次，我辦了一個小班制的團體治療。

這天抽中的人是一位四十多歲的A女士。其實更早之前A女士曾帶她的兒子前來諮商，要我勸她兒子別再胡作非為。

當時，這少年一進房間，指著我就問：「你是誰？」我自我介紹說：「我是治療師。」他臭著一張臉回說：「啥？宗教團體啊！」的神情讓我印象深刻。只不過儘管少年染著一頭金髮，打了很多耳洞，但神情柔和，看得出來其實是一位好青年。

當時A女士不在場，但我立刻了解真正有問題的是A女士本身。

人不論是誰都一樣的，一旦沒辦法解決自己的問題時，就會莫名地想先解決別人的問題。我認為「不先解決A女士的問題不行」，因此說服她來參加團體治療，所幸她決定參加了。

團體治療開始前，我先幫Ａ女士做了個別諮商。然後觀察到Ａ女士似乎因為某些理由沒有辦法原諒她的母親，由於我希望她能自己察覺這件事實，因此只輕輕帶過這個部份。接下來是團體治療發生的經過。

「那……抽中Ａ女士囉！願意試試看嗎？」

「好，我試試看。」

我和Ａ女士將椅子擺在參加者的斜前方坐了下來。Ａ女士露出緊張的神情。

「Ａ女士，妳今天想談什麼？」

我輕聲詢問。

「嗯……我發現自己無法原諒我的母親。」

A女士的聲音透露出不安。但我認為能夠察覺「沒有原諒母親」這件事，已經相當不簡單了。會這麼說是因為很多人會把無法原諒自己親人的心情，壓在心底最深處，假裝沒有這件事。我自己也曾有過這樣的時期。

「妳媽媽是個什麼樣子的人？」

A女士一邊回想一邊慢慢地說：

「小學一年級時，二歲的妹妹出車禍死了。媽媽非常地難過，為了不讓她擔心，我一直忍耐著，從未跟媽媽透露過自己也覺得『很痛苦』、『很悲傷』之類的話。」

「嗯。」

「中學一年級時，我奶奶因為癌症去世。看見媽媽這麼傷心，就決定自己絕對不能哭出來。沒想到中學三年級時，媽媽帶著曾祖母、爺爺還有弟弟，一起自殺了。」A女士不知所措地慢慢說著。

「全部的人……都走上絕路？」

「嗯，那時候爸爸在外地工作，家裡只剩下我一個人，我覺得媽媽遺棄了我。」

聽完這個過於悲慘的故事，參加者中甚至出現了彷彿發生在自己身上般哭出來的人。一起自殺的家人中被遺留下來的人，一定會有被背叛的感覺，A女士也不例外。

——媽媽，為什麼選擇了死亡？

——為什麼丟下我帶著大家一起走了？

——媽媽討厭我嗎？

——所以媽媽才想要死？

——我是這麼不值得信賴的孩子？

——媽媽明明這麼需要我的幫助，我為什麼會沒有早點發現呢？

盤旋不去的罪惡感，讓A女士憎恨母親的同時也深深地自責。

「我忍住被拋棄的感覺，還對父親說：『我沒事，不用擔心。』也不斷地對周遭的人說：『不用替我擔心』。」

「那時候，有對誰說過『請幫助我』嗎？」

「沒有，我從沒向人說過『請幫助我』。」

「這樣啊……」

「也沒有說過『我很寂寞』這樣的話……。」

「所以不論『請幫助我』或『我很寂寞』都沒有跟任何人說過？」

「我一直都跟人說『不用替我擔心』。」

我一邊將A女士的過去在腦海中如同電影般一幕幕影像化一邊提

問。然後Ａ女士一直強忍著想依靠人的渴望，將自己蜷縮起來的感受傳達給我了。

## 自殺者遺族的痛苦

全家自殺中被遺留人世的一方，往往會有壓抑寂寞情感的傾向。特別是Ａ女士的父親仍舊健在的情況。

同時失去妻子與孩子的失落感，以及被背叛的痛苦與寂寞。Ａ女士比任何人都了解這種心情。怎麼能對這樣的父親，吐露出自己內心真正的感受呢？其實越是為人著想、溫柔、識大體的人，越是無法對他人或對自己坦白。

「為什麼說不出『請幫助我』或『我很寂寞』呢？是不是擔心一旦說出來的話，連爸爸都會死掉？」

「……」

「家裡一旦有人自殺，還活著的遺族幾乎都會選擇忍耐。畢竟在所有人的心都支離破碎的情況下，若只有自己將『好難受』、『好寂寞』說出口的話，搞不好會導致整個家徹底崩潰，又有人去尋死的情況發生。」

「……」

「A女士的情況，妹妹死了、奶奶死了，媽媽他們也都集體自殺了，剩下來的只有A女士。後來的日子，A女士是不是一直被當成可憐的孩子來對待呢？」

「……」

「周圍的人都在背地裡說著：『啊，那個孩子……全家一起自殺……啊，不能講出來喔！』，這些從來沒消失過的窸窣閒語讓妳整天活得提心吊膽，也可能因此被歧視過吧？」

A女士一聽到「歧視」這兩個字，深深嘆了一口氣。想來是有相當不堪的回憶吧。

——為什麼只有我要受這種罪？神啊，我是不是作錯了什麼？這樣想著開始詛咒起自己的命運，甚至憎恨起這個世界。同時也認定是自己哪裡錯了才會遭到報應，陷入強烈的自責中。

心理學上常說「憎」與「恨」，就像同時擁有兩個分別朝向外側與內側槍口的槍。一旦扣下板機，子彈射向外側社會的同時，也射向內側的自己。也因此當A女士越是憎恨這個社會，對自己的憎恨也越發強烈。

「妳是不是一直被視作惡魔般的小孩呢？」

一聽到這句話，A女士的眼淚奪眶而出，一滴滴落到地板上。悲傷、悔恨、鬱悶、憎恨……淚水中集結了種種複雜的情感。這當中到底隱藏了多少心酸，以及一路忍耐過來的痛苦呀！A女士的感受就彷彿發生在我自己身上的一樣。

「就算結了婚，也會覺得公婆在暗地裡指著我說：『是那種人家出身的女兒呀！』所以我心想只要盡力的話，或許能讓他們豎起大拇頭說：『這媳婦實在太好了』……。」

「嗯。」

「我想當個好媳婦，但還是聽到別人在說：『果然就是那種人家出身的女兒……』。但是從來沒跟婆婆說過：『請幫助我』的自己也有不對的地方。」

## 不用再硬撐了

A女士的聲音很激動。社會常常以冷漠的態度對待有親人自殺的人，這也導致遺族往往為了洗刷汙名而一個人孤軍奮戰。絕不吐苦水、凡事靠自己、不在人前示弱的逞強，有相同經驗的我再明白不過了。

然而，承受痛苦時若不將「我好痛苦」說出口向人求救，下一步就是當事人失去活下去的價值落入死亡的誘惑，我無論如何都想避免這種狀況！

「妳媽媽以前也不曾將『請幫助我』說出口，對不對?現在妳的感覺其實是跟媽媽一樣的，對不對?」

為了進一步將A女士拉離眼前的痛苦，我請她試著想像母親當時的心情。

「其實……媽媽有丟出暗示的訊號……」

A女士的聲音小到幾乎聽不見。

「妳也丟出了很多暗示的訊號啊！」

「可、可是，我卻沒有幫媽媽做到什麼……」

「現在，妳周遭的人對妳也有同樣的想法喔。」

A女士再次深深嘆了一口氣，仍舊無法從沒能拉母親一把的罪惡感漩渦中跳出來，對自己的現狀也視而不見。

看著沒有任何過錯卻拚命自責的A女士，怎麼能不想辦法拉她一把呢？如果心有長手的話，我真想將A女士拉出罪惡感的泥沼中。

「我在沒有母親的情況下長大成人了。不知是不是這個原因，我會刻意和兒子保持距離，還對他說：『媽媽不想太寵你。』」

「妳也會對他說：『別跟我撒嬌』，是不是呢？」

「即使沒有人可以撒嬌，我還是長大成人了呀！」

「說的也是。畢竟妳年紀還小的時候就不斷對自己說：『即使沒有媽媽，我也得堅強地活下去，而且必須比別人更加努力百倍！』對吧？」

A女士低下頭摀起雙眼。

## 獨活下來是有意義的

不曾向親人撒嬌就長大成人的人，日後也會以同樣的方式和自己的孩子互動，而孩子也會給予相同的回應。

「妳傳遞了這樣的訊息給你的孩子：『媽媽不知道什麼時候會死，所以你要活得堅強一點。』妳的孩子也很敏感的察覺到了。」

A女士的神情像嚇了一跳。

「妳的父親、母親、爺爺、奶奶，全部的人都因為不願說出『請幫助我』事情才會變得不可收拾。」

「……」

目光一直死盯住一點的A女士，在聽到我提到她兒子後，稍微冷靜了下來，看似能夠客觀一點地看見自己的樣子。

「那時候的人有諮商講座可以參加嗎？有所謂的心理治療可以學嗎？沒有吧！」

我無論如何都想讓A女士從罪惡感的漩渦中走出第一步。

「A女士，妳有想過為什麼會遇到我嗎？」

「……」

A女士張大眼睛直視著我。

「我想妳所有的親人一定在天上對妳說著：『對不起！』、『媽媽不是故意丟下妳，而是認為妳夠堅強，一定可以活下去的。』」

「……」

「我覺得妳媽媽也在說：『妳有我們所沒有的好運喔！』」

「……」

「確實是好運吧？能夠在這裡遇見這些人。」

我知道A女士的心中，現在交雜碰撞著各式各樣的感情。

——或許，我獨活下來是有意義的？

——或許，這是上天刻意為我安排的試煉？

——我該怎麼辦才好？

「如果不想把妳的痛苦傳給兒子的話，妳就要改變。不然，他有一天也會和妳一樣。」

「……可是、可是我害怕和人扯上關係。」

辦到了！A女士已經跨出第一步，開始停止自責，願意向人求助了。下一個階段，就是讓A女士願意嘗試「與人互動」。

我可以理解她為什麼會有「和人互動好可怕」的恐懼。畢竟她一直活在被人指指點點、敬而遠之的環境中。只要考量到A女士的過去，就會明白這是無可奈何的事，我也有類似的經驗，非常了解那種恐懼感。

「人並沒有那麼可怕，我知道妳曾受過他人惡劣的對待，但請不要只看那部份。」

「……」

「社會上其實有很多想要幫助妳的人。在這邊遇到的都是『陌生人』，對不對？這些『陌生人』集合起來就是一個社會。要不要做個實驗看看？」

## 直到能說出「請幫助我」為止

我請A女士站起來，走到大家都可以清楚看見的地方。

「好，各位，有沒有人覺得這個人是惡魔？有沒有人認為她是殺了母親、殺了爺爺奶奶、殺了弟弟的惡魔？」

參加者全員都用很溫暖的眼神注視著A女士。現場有些人在哭，我吸了口氣用力說道：

「有一句她到目前為止一直沒有說出口、曾經下定決心不說出來的話，現在我想請她講出來。」

「……」

A女士停不住地緊張。

「我可是拼了命在幫妳！如果不照做的話，A女士妳可能會死也說不一定，現在就說出來吧！」

A女士潰堤般地哭了起來。

「把自己從罪惡感拉出來的方法，就是將『請幫助我』幾個字說出口。」

「……」

「就像我一再說過的，那些從東尋坊跳海自殺的人，就是因為說不出『請幫助我』才死掉的，妳兒子說不定現在也有同樣的掙扎。」

「……嗯。」

「所以妳必須自己開啟這道門，如果妳能成功地說出『請幫助我』，妳兒子也可以辦得到！」

「……我知道了。」

A女士用微弱到幾乎聽不見的聲音回答。

「請在場的各位集中精神聽她接下來要說的話。她幾十年來都不願意說出口，嘴巴像裝上拉鍊般封起來的禁句，現在她準備要解開自己下的詛咒了。」

A女士淚流不止，全身僵硬著。

沒有和A女士同樣經驗的人可能會認為「不過是『請幫助我』這樣簡單的一句話，說出口是有多困難嗎？」

但是，要一個人從長年的自我囚禁中走出來確實是很困難的。他們擔心一旦說出口，反而是給人添麻煩或是拖人下水。加上長久處於自我否定的情緒中，若是求助於人的話，說不定不只得不到幫助，還會淪落遭人拋棄的地步。這是最令人恐懼的結果。與其面臨可能遭到拋棄的痛苦，不如乾脆不說，維持現狀反而比較好。

這種想法導致將真心話說出口變成極為困難的一件事。

「妳一路下來的忍耐，不只幫助了父親，也幫助了其他遺族。」

「……」

「但妳現在的忍耐對誰都沒有好處。妳小時候有同樣的經驗吧？想幫媽媽卻什麼忙也幫不上的沉重無力感，是不是？」

「是的。」

「現在妳周遭的人也有同樣的感覺。」

「……」

「妳要選擇懷著罪惡感而死嗎？還是開口向人求助？」

## 「殺人犯的孩子」

A女士流著淚、一字不漏地把我說的每句話都聽進去了。此刻她的心情應該是非常害怕，要轉而信任一直都在傷害她的社會，並不是那麼容易的一件事。事實上，她內心深處是盼望能夠去信任的。想卸下心防，行動卻被過往的經驗牽制住。

「那麼，請拿出勇氣說說看：『請幫助我』。」

參加者都因為和A女士的感情產生共鳴哭了出來。A女士轉身面向我。

「不用轉向我這邊。」

A女士抽泣著，害怕得想逃出去，我非常了解這種感覺。

但是我不想就此結束。我希望Ａ女士拿出勇氣付諸行動。因為一個小小的行動，將會讓她的人生產生一百八十度的轉變，這點我可以拍胸保證。

「大家都因為沒能成為妳的依靠、得到妳的信任而充滿了無力感。」

「……」

「剩下的時間不多了，如果就這麼結束的話，大家會因為沒幫上忙，而認為自己是『殺人兇手』喔！」

「可是……可是……」

Ａ女士仍舊被恐懼束縛著，畢竟無法馬上掙脫十幾年堅持下來的自我防備是很正常的。

「吶，看看四周，看看大家。他們看起來很冷漠嗎？」

Ａ女士看向我。

「看啊，往旁邊看，不是看我。妳已經知道我會幫你了吧？」

A女士還是哭著一張臉。我想讓A女士笑一下來緩和緊張的情緒，剛好H先生的身影映入眼簾，他是位大個子的老大哥。

「這樣啊，覺得很可怕啊……也難怪，看到H先生，誰都會怕吧！他的模樣真的很嚇人呀……。」

不只參加者，連A女士都忍不住笑了。

「看起來像是個會亂呸口水的傢伙，不過完全不是這樣的對吧？仔細看可以發現H先生其實是個很溫暖的人，會覺得H先生可怕，是因為很想得到像他那樣的人的幫助吧！」

「……」

「A女士其實一直壓抑著想被一個強壯有力氣，如同神明般的人的擁抱和幫助的願望吧！」

Ａ女士抽泣著。她內心深處的願望被我說中，這時候只要再多推一把就可以了。

「長久飽受冷言冷語很辛苦吧？加上全家自殺身亡……雖然日文中對於帶著小孩和老年人自殺的行為有個『一家心中』比較好聽的說法……但……。」

我接著用力的說道：

「妳就是殺人犯的小孩。」

這是很沉重的一句話，說出來後我吐了大大一口氣。總覺得這句話不能不清清楚楚、明明白白地說出來。不出所料，Ａ女士情緒崩潰，開始嚎啕大哭。

「每個人請記住我接下來說的話。」

我傾注感情慢慢地一個字一個字的說道：

「自殺，其實是一種攻擊。」

每個人都用認真的神情聽著，這才是我真正想傳達的話。

「如果你自殺了，留下來的人就會跟現在的你一樣有罪惡感。」

「……」

「你不過是死了，但你死後，被留下來的朋友、家人將會成為另一個你。」

A女士繼續哭著。

「好好看著在場的所有人！妳要選擇信任或不信？信任這些陌生人吧！對他們說出『請幫助我』！」

「A女士，加油！今天開始，事情會有所轉變喔！」

一位參加者給她打氣，A女士還是哭不停，就是說不出「請幫助我」這幾個字。儘管我非常理解她說不出口的心情，但是花了這麼多時間才拉近了彼此的距離，我打從心底希望她能勇敢踏出這一步。

「看看大家的眼睛，可怕嗎？看大家的眼睛！」

「……」

「妳只顧著看自己，所以才對這些想幫妳的人視而不見！」

我很想做點什麼，不自覺地加重了語氣。

「我害怕……」

A女士邊抽泣邊用幾乎聽不到的聲音說。

「說出來，不要緊的！」

就算這樣，A女士還是說不出「請幫助我」，我知道她很想說，但就是說不出口。

## 隨著終於說出口的話得到的救贖

「請看著大家，A女士！」

「加油！」

「沒問題的！」

參加者每個人都替她打氣，A女士嗚咽痛哭。我直覺只差那麼一點，A女士就快講出來了，也深知這時候是最痛苦。

「大家都很痛苦，看起來都一副快死的樣子，A女士已經將無力感傳染給大家了，怎麼辦？」

「我不能給大家添麻煩！」

「添麻煩？現在的狀況更麻煩吧！」

參加者也在哭。

「把那幾個字說出來！」

A女士下決心開口了。

「……請幫助我。」

雖然小聲的近乎聽不見，但確確實實從A女士口中吐出來了！我終於放下心了。

參加者一個一個站起來走到A女士身邊，團團圍住抱著她，每個人都打從心裡想幫助A女士，我播著鼓勵A女士的音樂忍不住流下淚來。

「這才是真實的世界，妳活著的地方喔。如果妳以前有我們陪在身邊的話，就不用痛苦這麼久了。我們都很遺憾錯過了那個時機。」

「……」

「雖然遲了一點……如果能早點遇到的話，妳就不用這麼寂寞了……。」

我看著每個人，淚水在眼眶打轉，視線一片模糊。

「Ａ女士，這個社會並不恐怖喔。大家都會守護著妳的。」

我也來到Ａ女士的身邊，大力地擁抱她，Ａ女士也很用力的回抱，會場掌聲不斷。

「請幫助我。」真的是很短的一句話，能夠拿出勇氣說出來，對Ａ女士而言真是跨出了很大的一步。而我相信從大家身上得到的愛，一定會讓Ａ女士的人生有所改變。距離那次團體治療已經過了好幾年，Ａ女士到現在還是和我保持著聯絡。她現在和家人過著幸福的日子，也持續實現了自己的夢想。而Ａ女士和兒子現在關係很好，我也從他那邊聽到很多消息。

每次收到他們的近況報告，我都打從心底覺得「能做諮商師真是太好了，活著真是太棒了！」

## 意外死亡的孩子

接下來是M女士的故事。她六歲的兒子因為車禍去世了。

M女士的兒子達也，於兩個月前死亡。揮之不去的悲淒氣氛中，即使只有一點點也好，她想要尋求解脫。因為意外事故而失去小孩的父母，即使不是任何人的錯，也會把死亡原因歸咎到自己身上，為沒有辦法解救孩子的無力感纏繞，M女士就是這種狀況。

「M女士是幾歲時懷達也的？」

「三十四歲時懷的，他是我的小兒子。」

達也出生後，心臟遭病菌感染徘徊生死邊緣。醫生說就算救活了，也可能會留下嚴重後遺症，但總算保住了性命。後來雖然健康長大了，但達也三歲開始，理解力和言語能力明顯發展遲緩，偶而會自己一個人到處亂跑。

車禍當晚也一樣，M女士到鄰村去，大兒子因事留在學校。不久接到奶奶打電話來說：「達也不見了！」M女士整個人驚慌失措，不祥的預感湧上心頭。

「因為坐立不安出門到處尋找達也時，傳來救護車的聲音，聽到電車因為撞到一個孩子而停駛時，腦海閃過『是我家的！』並脫口說出達也的名字時，周圍的人沉默了下來，然後……我沒有接下來的記憶了。」

「這樣啊。」

我邊揣摩著M女士的心境，一邊聽她繼續說。

「趕到醫院後，看到孩子戴著人工呼吸器嚇了一跳，心裡拚命祈禱著：無論如何，只要能活命就好！但四小時後孩子還是離開了。」

M女士的表情變得更加黯淡。

「達也出生後的這六年，我一直在想為什麼我會擁有這樣的人生？為了想知道其中的意義，我參加了各式各樣的讀書會和心理講座。我想這些都是達也幫我結的緣份，總覺得今天會來到這裡，也是因為他的牽引。長谷川先生之前也說過同樣的話，我想果然就是這麼一回事。」

「是嗎？」

「不好意思，沒能好好表達。」

「不會、不會。」

「是的，我覺得是達也用他的生命告訴我的……啊，對不起！」

M女士又道歉了，沒有做錯任何事情卻一直道歉，我覺得有點不對勁。

## 母親異於尋常的悲傷

一個擁有從小就病痛不斷的孩子的母親，除了埋怨上天哀嘆命運外，也會將孩子的病歸咎給自己。一旦有一天不幸失去孩子時，又會忍不住責備自己如果當初有這樣做、那樣做的話就好了。從此讓自己活在過去，嚴重的情況甚至會選擇一死了之。

我想避開這個最壞的結果。

「M女士，妳連說了好多次『對不起』，但妳沒做錯什麼啊！」

「……」

「確實達也將妳帶來了這裡，但不是為了讓妳來學東西，總覺得他是要我告訴妳：『請告訴她，媽媽妳沒有任何錯』。」

M女士露出一頭霧水的表情。

「妳在怪罪自己，對不對？」

「……」

「妳是不是覺得只要再多留意一點，達也就不會死了？」

M女士像是被說中要害，瞪大了眼睛。

「如果這樣做就好了，如果那樣做的話就好了……一直不斷懊悔著。妳無法割捨，或說無法接受事實吧？」

活在自責中的M女士，只顧著回想兒子死去時的情景，腦袋中根本容不下其他事情。腦海中一次又一次不斷重複著愛子臨終前的最後一刻，我完全明白那種心情。我希望M女士向前看，不只是為了她自己，也為了她的家人，我接著說下去。

「妳無法接受他離開的事實吧？如果妳的兒子現在就在這裡，看到妳哭喪著臉會怎麼做呢？」

「我想他會說：『不要哭』。就像大兒子一樣，每次我一哭都會跟我說：『媽媽，不要難過』但我總是忍不住眼淚。」

M女士眼中轉著淚水。

「這樣啊。雖然我看不見也聽不到，不過要是達也的靈魂在這裡的話，我想他會這麼說：『對不起，讓媽媽這麼痛苦。對不起，只能相處這麼短短的幾年。對不起，我不像哥哥那樣強壯，如果我是個既健康又什麼都辦得到的小孩就好了。媽媽，對不起。』」

「……」

M女士認真地聽著。

「達也一定和妳一樣，一直對妳說著『對不起』吧！」

為了讓M女士看向未來，我假借達也的名義來開口。

M女士低頭掉淚。

「達也的壽命或許早就是命中註定了。說不定他本來出生時就會死亡，但因為妳向神明許了願，不管將來會發生什麼事，請讓這個孩子活下來！」

「……」

「老天爺也說：『好，我知道了，那就如妳所願吧！只是沒辦法讓他活很久喔！』」

M女士嗯嗯地點頭。

「我想你們之間有很多數不盡的回憶吧！畢竟照顧達也比一般的孩

子更加勞心費力，不是嗎？」

「……」

「但達也帶給了妳滿滿的幸福。他非常喜愛媽媽，妳也因為深愛達也這個孩子而感到很幸福吧！」

我希望M女士不要否定達也短暫的生命，而是肯定他存在過的這一切。

「達也從妳的身體出生，這件事對妳的人生來說沒有任何意義嗎？」

「怎麼可能！沒有這回事。」

「如果在天堂的達也這樣問，你要怎麼回答？」

我提出了一個假設。

「『對不起，媽媽。媽媽是不是覺得長命又健康的孩子比較好？是不是我不夠好？』如果他這麼問的話，妳會怎麼回答？」

M女士沉默著。

「妳會回答『別的孩子比較好』嗎？」

M女士搖搖頭。

愛孩子的心情，跟孩子生命的長短是沒有關係的，我想讓她意識到這件事。

「妳也有想問達也的事吧？『對不起，我是這樣的媽媽。如果是更有用一點，能夠好好照顧你的媽媽會不會比較好？』妳認為達也聽到了會怎麼回答？」

M女士臉上淚流不停。

「他一定會說：『我不要媽媽以外的人』。」

「……」

「妳不需要強迫自己遺忘，而是將一切回憶好好的烙印心中。妳當了達也的媽媽，一起共同享有了六年，他是神明給妳的禮物。」

「……」

「所以不要怨恨上天，否定這濃縮了的六年為妳帶來的幸福。」

「嗯。」

「今天接下來想進行一件事。是達也想做但M女士沒能做到的事。」

## 來不及說出口的「謝謝」

我想緩和M女士的罪惡感。一個人如果帶著罪惡感，不論當事人和周遭的人都會陷入一種「都是我的錯」的惡性循環，離幸福也會越來越遠。

這件事需要一位參加者幫忙扮演達也，M女士選擇了R女士來扮演。如果達也還活著，順利長大成人後，有一天結婚時，他應該會想在婚宴獻花時跟媽媽說聲：「媽媽，謝謝你生下我」。我想用這句達也來不及說出口的話來作為治療。

扮演兒子的R說：「媽，謝謝妳生下我。」

M女士把這句話當作達也親口說的收下來，細細咀嚼收進心裡。即使生命再短暫，親子之間共享的每一個快樂瞬間，都是無可取代的時光。幸福是無法用時間的長短來衡量的。

我立刻接著說：

「M女士，妳也有同樣的話想說吧！把妳真正想講的：『達也，謝謝你讓我把你生下來！』試著張聲說出來。」

M女士百感交集地說：

「達也，謝謝你讓我把你生下來。」

這才是M女士真正的想法，也是最想讓達也知道的事情。六年來和達也一起度過的每一個瞬間，都是無可取代的美麗時光，M女士其實是很幸福的。

「雖然只活了短短的幾年，但我一直被媽媽捧在手心上，可以原諒我只能當媽媽六年的兒子嗎？」

M女士點點頭。

「現在，請把R當作是達也，送上一個一輩子份量的擁抱。」兩個人就像真正的母子般緊緊擁抱在一起。

「謝謝。」

「謝謝。」

Ｍ女士把她的愛意傳給達也，達也也把他的愛意傳給了Ｍ女士。當然不是真正的達也，但是透過扮演達也的Ｒ，讓Ｍ女士感受到只有活著的人才擁有的溫暖與力道，而這樣的真實感能夠快速地療癒心理的傷口。

在Ｍ女士的想像中，達也小學畢業後，順利的升上中學、迎接了成人式，甚至要結婚生子了。然後這樣的達也對媽媽說：「謝謝妳生下我。身為媽媽的孩子，我很幸福唷！」

Ｍ女士捂著臉哭不停。Ｒ女士、所有成員還有我也都止不住淚，大家的心情都被Ｍ女士同化了。

「如果光顧著責備自己、沉溺在自己的悲傷裡，就算達也的靈魂來到身邊，妳也感覺不到。」

「……」

M女士邊哭著抬頭看向前方。我希望她察覺到一件很重要的事，接著將談話切入中心本質。

「妳的心因為達也的死去空出了一個大洞，讓絕望感趁虛而入，而妳卻用力緊抱著這股絕望感不願意失去它。」

「……」

「若要說是為什麼的話，是因為妳將達也與絕望感等化了。」

「……」

「妳擔心一旦放掉絕望感的話，兒子將會因為遺忘而從心中消失，是不是這樣呢？」

「……」

我想對M女士來說一定是非常殘酷的話。

「只不過這個絕望感充其量是妳想像出來的『透明遺物』。他死了以後，妳就將所有的絕望、寂寞和悲傷填入那個洞中，把它當成了達也。」

「……」

「達也一定不希望妳變成這樣。所以，放手吧！」

「……」

## 將孩子還給女神

我請M女士從成員中選出一位她覺得像是女神的人，她選了B女士。現在要進行一個將達也還給女神的儀式。M女士牽著扮演達也的R，走向扮演女神的B女士。做好心理準備後，就將R交給女神M女士。

乍看之下是個很簡單的動作，但是對於進行這項動作的當事人來説，會有如刀割般的痛苦。畢竟不得不放掉剛剛不久前，透過擁抱感受到的愛。M女士邊哭邊述説著過去六年和達也之間的種種回憶，然後將達也交給了女神。在場的所有人都和M女士產生共鳴放聲哭了出來。

為什麼要進行這個儀式呢？

我希望M女士放掉自己做出來的「透明遺物」，好繼續向前邁進。如果死抱住那股傷痛，將會被過去的愛緊緊綁住，無法好好活在當下。放手是很痛苦的，但唯有經歷這樣的過程才能堅強地活下去。

「我明白M女士很痛苦，但妳的丈夫、長子，全家都一樣心力交瘁，只是他們都忍著不哭罷了。」

「……」

「M女士，請妳早點找回活力，這一定也是達也的希望。不然妳的丈夫和長子，都會因為無法幫上妳的忙而充滿無力感。」

M女士邊流淚邊點頭，但我感覺M女士的心還無法抽離在天堂的達也。

「M女士，妳現在還掛念著在天堂的達也對不對？」

「……」

「說好聽是天堂，但距離死亡只有一步之差。請妳回到現實的人間。」

M女士有一點驚訝。

「如果妳決定結束自己的性命，將會有兩具屍體並排著，若變成這樣的話，妳的丈夫和長子還活得下去嗎？」

「……」

「同時，也會讓達也變成弒母兇手。如果妳選擇好好活下去的話，反而可以解救大家。」

「……」

我促請M女士走到扮演丈夫和長子的參加者身旁，藉此讓M女士可以踏實地朝未來前進。

在這裡我想傳達一件很重要的事。我希望大家明白，為什麼我們必須「親身經歷讓自己痛苦的過程」。只有能夠接納一切時，才是真正的痊癒。知道自己為何而生，才能將絕望轉念為「能被生下來太好了！」、「活著真好」的人生。

「我很想理解M女士的心情，但我卻無法真正的理解，因為我沒有失去自己的孩子。」

「……」

「但是這個世界上有很多和M女士一樣的人。同樣活在極度的痛苦中，請妳做給這些人看，讓他們看見妳跨越了這項試煉。」

「……」

M女士抬起頭，看向大家。

「妳知道『兩個靈魂的約定』的故事嗎？」

「……」

「從前有兩個靈魂來到地球，他們看到這個星球上，有許多因為罪惡感而苦苦掙扎的人，忍不住感到心痛：『人類為什麼會這麼痛苦啊！』」

「……」

「但是兩個靈魂想了想，覺得：『就算我們來到地球歌頌愛，也不會有人相信吧？』」

「……」

「若是這樣，我們就必須先下凡到這個世界承受罪惡感，然後掙脱出來，大家才會聽進我們的話吧！」

「……」

「該怎麼做呢？」

「……」

「那就讓我變成失去孩子的媽媽，比你早一步體驗痛苦的感覺。」

「……」

「我的話就晚一點出生，成為你的孩子在六歲的時候死去。或許會讓你感到很痛苦，但若你能掙脱罪惡感的話，就能讓很多人聽見這個聲音，幫助他們脱離苦海了。」

「……」

「你一定要告訴人們：『不要再懲罰自己了，要變得幸福唷！』」

「……」

「這就是兩個靈魂的故事。」

## 為了繼續走下去

這段話似乎在M女士心中射入了一道希望之光。

「M女士，請妳早日脫離罪惡感的地獄，成為一個示範。很多人都在等著。妳的一句話，比起我說上幾百次更能讓人聽進去喔！」

「……」

「這會是達也活過的證明，也是妳應該扮演的角色。」

「……」

「很多人都在等著。達也就是為了這個目的而出生的。妳擺脫困境後得到的幸福，將讓幾千幾萬個人也能夠繼續走下去。早日從傷痛中走出來，去幫助這些人吧！」

就這樣，治療結束了。

這次的團體治療有兩件事很重要。一方面，是治療M女士的心，讓她停止自我責備；另一方面，是期許她未來可以活用自己親身經歷的痛苦去幫助別人。只要能夠做到這兩點，就能讓人堅強的活下去，這也是我自己實際的經驗。

後來我間接從別人那裡聽說，M女士現在過得很幸福。穿越難關的M女士，她重獲新生的笑容一定能夠牽引住所有人吧！

# 第七章　給活在痛苦中的人

## 自殺將狂亂摯愛親友的人生

自殺，殺的不只是「自己」，而且會間接殺掉「那些愛你至深的人」。關於自殺，我是這麼想的。

自殺並非絕對不可行，我尊重那個想擺脫絕望的心情。例如因為罹患重病，導致身體痛苦異常的情況，為了免除肉體的痛苦而選擇自殺的話，就不能一概予以否定。只不過一個人的自殺，對於周遭人的影響其實超乎想像的巨大，甚至會引發骨牌效應，接下來我希望各位從這個角度試著想想看。

比方說，有一個人自殺了。當事人說不定只是出於：「與其活著給人添麻煩，還不如去死」這樣的想法而採取了行動。但是這個行為產生的影響力，卻是相當具有破壞性的。

「親近的人自殺了」的衝擊，不只是自己的雙親、兄弟姊妹、孩子，甚至會波及身邊的親朋好友。換句話說，至少會擾亂十個人的人生。周遭的人會因此陷入自責及無力感中，就像是自己見死不救般。從此背負不必要的罪惡感，更甚者，還會有自己不應該獨享幸福的想法。

親近的人因自殺身亡，和一般的死因最大的不同點在於，難以向他人啟齒。被留下來的人，很難向人訴說自己因親近的人自殺所承受的痛苦，而且大多抱有不論多悲傷痛苦都選擇往肚裡吞的傾向。

儘管對外展露笑容，親友的死卻盤踞在腦海中揮之不去。隨著痛苦持續累積，逐漸失去活著意義，進而被自殺的念頭緊緊纏上。

一旦身邊有人追隨自殺的人而自殺的話，死亡的門檻對於其他殘存的人而言又降得更低了。也就是說對死亡不再存有抵抗力，簡直就像理所當然般被牽引上自殺的道路。這就是自殺的連鎖反應。

假如你或周遭的人遇上親近的人自殺了，該怎麼辦才好呢？

我建議不要自己一個人獨自承受痛苦，而是尋求心理諮商或精神科協助，當然也可以找朋友聊聊，只不過若談話對象無法站在自己的立場著想的話，你的苦惱對方可能無法好好聽進去，這種情況最好還是求助於專家。

「非親非故的人不可能會聽我的煩惱！」

或許你會這麼想而不願嘗試，但若是和有相同經驗的專業人士商談的話，一定不會有問題，對方會比任何人都能設身處地的為你著想。另外，若與選擇的諮商對象合不來的話，不妨多找幾個人，直到遇上合拍的諮商師或醫生為止。

一開始可能會有很強烈的牴觸感，所以我建議參加由相同遭遇的人組成的「自殺者遺族」團體。我為很多有家人自殺的人進行過個人諮商和團體治療。深深明白這種一個人默默承受著「見死不救」的感覺有多痛苦。

但我也親眼見證這當中絕大部分的人，最後重新站起來，找到生命的意義向前邁進。

## 打開心房，給別人伸出援手的機會！

撇開自殺不談，生活中也有很多讓人苦惱的事吧！若碰上了，希望你記住的一句話，就是我一再重複的「請幫助我」。越是認真拘謹的人，越會覺得不能給周遭的人帶來麻煩，但這麼做反而可能讓周遭的人感到寂寞。

「請幫助我」就是「我愛你」的意思。真正有困難的時候，請試著用直率的心情求救。或許你會擔心「萬一對方覺得很麻煩的話怎麼辦？」那麼如果是處於相反的立場，你會怎麼想呢？你覺得是麻煩的事情，對另一個人而言可不一定就是麻煩喔！

如果你眼前出現一位遇上困難的殘障者，你會怎麼辦？是上前幫他？還是覺得麻煩馬上從現場逃走呢？我想前者大多是心地溫暖敦厚的人；後者則是內心孤獨寂寞的人吧！若後者有一天不幸成為殘障者，可能也會因為較難說出「請幫助我」而陷入困境。

我以前就是那樣的人，所以非常了解這種感覺。

我現在住的東京街上有很多染著金髮、紅髮的年輕人。我和這些人相處的很好，這或許和我會開口請他們幫我推輪椅有關。

「唉，我可以嗎？我不知道要怎麼做呢！」剛開始他們會這麼說。

「你可以幫忙這樣……那樣……推嗎？」

我教導他們方法，快速抓到要領後就熟練地幫我推輪椅了。

「謝謝你幫我了一個大忙！」

最後這麼一說，對方總會回我一個微笑。下次再見時，就會主動對我說：

「長谷川先生，需要幫忙推輪椅嗎？」

就算是我同棟的鄰居也是一樣，為什麼呢？

我深信只要是人，不論是誰都希望能夠對別人有所幫助。所謂的孤獨，就是出於「我對誰都沒有幫助」、「沒有任何人需要我」的心情而生的。

我四歲那年家庭支離破碎，小學生的時候就開始獨立生活。父母完全靠不住，也完全不相信神明的存在，就這麼一路活過來了。老天爺八成認為那樣的我很可憐吧！

「把這孩子的雙腳拿走。不這麼做這孩子這輩子都會是一個人，不懂得如何依靠人而永遠活在孤獨中吧！」

如果那時候沒有發生車禍，現在的我不知道會變成什麼樣子？可能會成為犯罪者，也有可能已經死了。現在的我因為坐在輪椅上，總是受到很多人的支持及幫忙而順利地活著。關於這點，我是充滿感謝的。

很多人對於求助於人的行為有所誤解。越是小時候心理受到創傷的人，越是認為不應該給人添麻煩。你認為一個生重病讓媽媽揹去醫院的孩子算是「麻煩」嗎？我想這不能稱作麻煩，而是一種「愛」的證明。

# 關於「接受」這件事

我常常去探訪老人安養院。那裡的爺爺、奶奶們會告訴我戰爭時候的往事。這些人當中，有一位坐著輪椅的奶奶。她從沒答應過家人邀她「一起去賞花」的請求。家人表示「我們幫你推輪椅，一起去吧！」但只要一想到自己會成為累贅就拒絕了。

我跟奶奶這麼說：

「明年和整家子三十個人一起去吧！和妳的子女、孫子還有醫護人員，浩浩蕩蕩地去吧！如果奶奶到時候笑著說：『空氣真好，東西也好吃，花也好美，謝謝你們帶我來唷！』的話，大家都會因為看到奶奶的笑容感到開心吧！」

「咦？」

「這總比不去賞花，把自己關起來還要好吧！」

奶奶一臉驚訝。

「可是……」

「奶奶，過去您為兒子和孫子做事，他們都有說『謝謝』吧。當他們說『謝謝』時，您是不是很開心呢？現在應該是輪到奶奶說『請幫助我』及表達『謝謝』的時候了。」於是奶奶終於願意接受家人的邀請了。

這件事不只針對殘障者或這位老奶奶，對健康正常的人來說也很重要。不依靠任何人或許很酷沒錯，但也等同於傳達了我不需要愛的訊息。

例如，每當我要進行長距離的移動時，總需要三、四個人的幫忙。

即使如此，我還是會一個人踏上旅程。雖然過程中一定得麻煩個什麼人，但每當我接受幫忙，並表達謝意時，大家總是很高興的樣子。

總覺得老天爺在說：「學會『接受』吧！」

為什麼呢?因為比起「付出」，「接受」這門功課可難上太多了。

## 「接」得好，人生將因此改變

大多數的人都擅長對他人「付出」。但對於「接受」這件事，往往很難做得比付出好。

鍾愛妻子的丈夫想送禮物給妻子，拚命工作賺錢到很晚，就為了買一個昂貴的寶石送給她。只不過禮物送出時，能「坦率地」表現出雀躍心情的太太有幾個？很多人不是說出「謝謝」，反而選擇否定的表達方式。比方說：「哇！竟然買這麼貴的東西！真是亂花錢！」這樣的回應。

在這裡請試想一下，為什麼丈夫會送那個禮物呢？是因為想看到太太開心的笑容吧。他想看到太太笑著說出：「老公，謝謝你！」這句話。

為什麼我們做不好「接受」和「表達」呢？不以說出「請幫助我」或「謝謝」的方式，而用奪取或威脅來得到真正想要的愛呢？甚至以「我為你做這件事，所以你要給我那個」這種交換條件來獲得愛。藉由奪取、脅迫得來的東西，不會有真正的滿足感。用交換條件得手的東西，也會讓人陷入不做些什麼，就無法得到某樣東西的強迫觀念中。其實我們什麼都不用做，父母就會愛我們，伴侶也會愛我們的啊！

不管發生什麼事情，人生任何時候都能從谷底翻身的。請不要忘記，不論你現在跌落的谷底有多深，都能夠像V字形一樣，重新回到原點的。

十五歲時因車禍被宣告這輩子再也無法走路，絕望中數著天花板小洞的我。如果有時光機的話，我想回去見見當時那個深信不能用雙腳走路就再也無法幸福的男孩。

如果能夠見到他的話，一定會有下面這樣的對話吧！

「你是誰？」

「我是未來的你喔！」

「啥？」

然後我會讓那個驚訝的孩子，看看我半輩子的紀錄片。

「你的未來就在這裡。讓你看看接下來的人生吧！」

東尋坊之旅、「鬼」醫生的付出，乃至戀愛、結婚、遇上阻止我自殺的心理學老師、諮商師的工作、巡迴演講……。

「什麼？我不只談了戀愛還結了婚？在很多人面前演講，也接受很多人的照顧！沒有因為遠離人群而孤獨死去呀！」

「沒錯！你覺得怎麼樣？」

「我沒有被困在床上啊！有工作可以做，也交得到女朋友，哈哈！好個跌跌撞撞的人生。雖然我認為腳不能動就沒辦法活下去，但如果是這樣的人生的話，我想還不賴。」

他一定會這麼說，積極開朗地面對未來吧！

越是將需要別人幫忙，卻自己一肩扛下來的人，我越希望你可以尋求外援。不過請記得，向人尋求協助和別人理所當然應該幫我，兩者之間是不一樣的。

真正面臨困境時，透過說出「請幫助我」這句話，人與人之間會產生休戚與共的「牽絆」，這種情感是非常具有意義的。

如果接受幫忙了，不要只說「不好意思」或「對不起」，而是鄭重的說聲「謝謝」。認為自己不夠好的人，才會不管走到哪、遇到誰、做任何事都只會說「對不起」。我的東尋坊之旅就是這樣。

人在幫助別人時會因為觸碰到自身內心的善意，而感受到幸福和愛意。不可思議的是，這比受到他人親切的對待，或他人給予關愛時的幸福感還要大。人們都在等待能夠為他人伸出援手的機會。

「請幫助我」這句話，就像是人與人之間的黏著劑，而回應這樣的誠意，就能夠創造出真正的牽絆。我希望用強韌臍帶牽絆在一起的世界，可以越來越寬廣！

# 後記

我在這本書寫下了從事個人諮商和團體治療十八年經驗中，真正想傳達的話。跟歐美先進國家比起來，日本的自殺率堪稱名列前茅。加上有很多被隱匿的自殺案例，實際上的自殺人數應該更多吧！日本的高自殺率，我認為與諮商治療的普及率比歐美低有關。你周遭的朋友有多少人接受過諮商的經驗？我想完全沒有的人佔了絕大多數吧！

我開始提筆寫這本書，起因於一件意外事故。去年冬天，我開車前往演講會場時發生了車禍。曾經好幾度想要自殺，好不容易就在終於感受到生命的喜悅時，又與死亡不期而遇。幸運保住一條命後，我終於恢復了意識。當時如果再撞偏一點的話，恐怕就再也醒不過來了。

我強烈的感覺到：「這是老天爺在招喚我：『該回去了』。這傢伙好幾次想死，也付諸了行動。但他現在努力解救想要尋死的人，再給他一點時間吧！」我相信應該是這麼一回事。

我決定接下來的人生，都要回饋給這個社會，讓更多的人了解諮商治療，協助想放棄生命的人。同時也想透過書，讓無法與我直接面對面的人也能確實感到「能夠被生下來真好」、「活著好幸福」，然後向身邊的人們散播笑容。能夠活到現在，真是受到很多人的照顧。我想將本書獻給所有人生中重要的貴人們。

感謝所有參加諮商及團體治療的各位，謝謝你們教導了我許多寶貴的事。感謝救了我一命的恩師及再造父母，「神戶心理服務中心（Kobe Mental Service）」的平準司老師，因為你才有今天的我。

我的好友兼合作對象的辻耀子、同樣是好友及協助我諮商業務的中村昌美、我的第二個父親黑澤義巳先生、年紀輕輕就走上諮商師道路的好友田內やすひろ（yasuhiro），以及北端康良、根本裕幸、原裕輝，謝謝你們的支持。還有V-Return綜合心理研究所的幕僚田口尚生，經理稻垣愉香子，以及增山智彥，謝謝你們！

每次協助我的志工們，以及我住家所在的品川區住民和前往各地出差時幫我推輪椅的人們，以及品川區役所殘障福祉科的各位，感謝你們的協助。

在東京、大阪、石川、富山，因為認同我的目標努力成為心理分析師的各位，還有鼓勵我出版和演講的人士，謝謝你們的鼓勵。

巡迴各地諮商時，照顧我的中島一美，也向您致上謝意！

感謝我人生的心理治療師，也是對我影響很深的京都DARC（京都藥物依存症治療非營利組織）的加藤氏及其同伴們、殘障者中心的同伴們、前往拜訪的老人安養院的人士、東尋坊旅途中遇到的人士，以及我的朋友Hiroyuki和他母親。

寫作時給與不少建議的ナルカゲツネコ（Narukagetsuneko），真是感激不盡！對於我的生活方式感到興趣，且負責企畫編輯本書的ASA出版的吉田伸，以及協助出版的小關珠緒，謝謝你們！

報導本書的所有媒體記者，也在此致上謝意。

謝謝帶我來到這世界上的媽媽和在天上的爸爸。

然後，對於拿起這本書閱讀的讀者，我由衷地感謝你們。

如果世上真的有神明，為我安排了從暴走族蛻變為輪椅治療師這套劇本的話，我發自內心感謝老天爺的安排。

二〇一〇年四月

長谷川泰三

只有當人願意靠自身的力量跨越難關，才能獲得真正的自信。

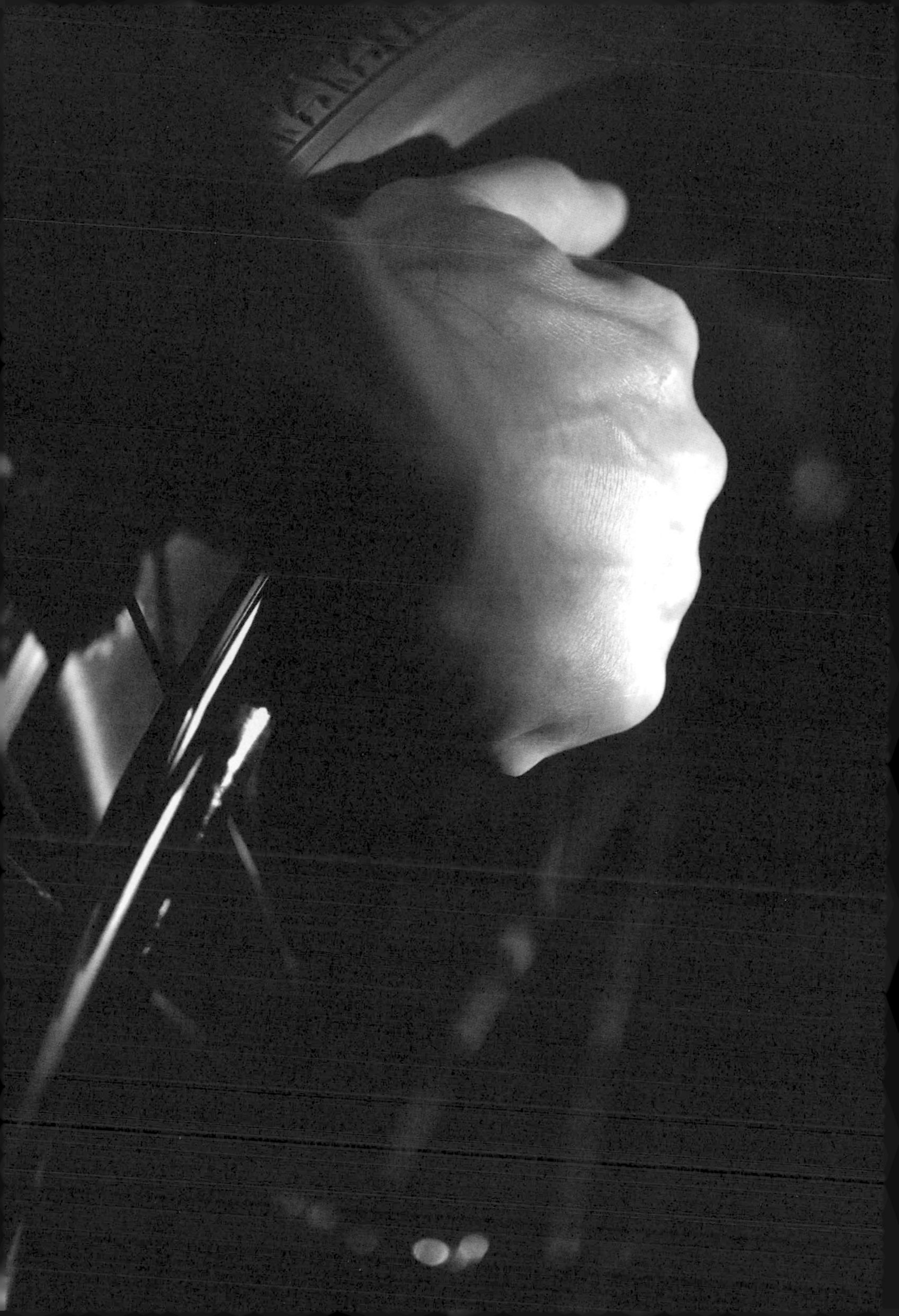

國家圖書館出版品預行編目資料

命運治療師 / 長谷川泰三 著；陳秉軒 譯.
--臺北市 ： 文經社, 2013.04
面 ： 公分. --（人生系列：I062）
ISBN 978-957-663-691-2（平裝）
1.諮商 2.心理治療
178.8 102004374

文經社

文經社網址 www.cosmax.com.tw/
www.facebook.com/cosmax.co 或「博客來網路書店」查詢文經社。

人生系列 062


# 命運治療師

著作人 長谷川泰三
譯者 陳秉軒
發行人 趙元美
社長 吳榮斌
企劃編輯 高佩琳
美術編輯 龔貞亦
出版者 文經出版社有限公司
登記證 新聞局局版台業字第2424號

<總社・編輯部>
社址 10485 台北市建國北路二段66號11樓之一（文經大樓）
電話 (02)2517-6688
傳真 (02)2515-3368
E-mail cosmax.pub@msa.hinet.net
<業務部>
地址 24158 新北市三重區光復路一段61巷27號11樓A（鴻運大樓）
電話 (02)2278-3158・(02)2278-2563
傳真 (02)2278-3168
E-mail cosmax27@ms76.hinet.net

郵撥帳號 05088806 文經出版社有限公司
新加坡總代理 Novum Organum Publishing House Pte Ltd. TEL:65-6462-6141
馬來西亞總代理 Novum Organum Publishing House(M) Sdn. Bhd. TEL:603-9179-6333
印刷所 通南彩色印刷有限公司
法律顧問 鄭玉燦律師
定價 250元
發行日 2013年 4月 第一版 第一刷